De mayo del 68
a la cultura *woke*

PALABRA

1ª edición, abril 2024
2ª edición, febrero 2025

Diseño de portada: Equipo editorial
ISBN: 978-84-1368-374-4
Depósito Legal: M-10.598-2024
Impresión: Liberdigital , S.L.
Printed in Spain – Impreso en España

Pablo Pérez López

De mayo del 68 a la cultura *woke*

SEGUNDA EDICIÓN

dBolsillo

ÍNDICE

INTRODUCCIÓN

Tras años de estudio de los tiempos recientes, he llegado al convencimiento, compartido con muchos colegas, de que los sucesos más influyentes de finales del siglo XX son los vinculados a la llamada revuelta o revolución del 68, que dio lugar a una generación, los sesentayochistas, que nos ha gobernado hasta fecha reciente y en parte lo sigue haciendo. Algunos piensan que los sucesos de 1989, el hundimiento del socialismo real, tiene derecho a competir con el 68, pero lo ocurrido en los últimos años me parece que confirma la mayor hondura y trascendencia del 68. Puede que el aparente fracaso político del 68, en el que incidiremos, haya engañado a algunos, pero no hubo fracaso, sino efecto retardado. En cuanto a la relación que existe entre la revolución de mayo de 1968 y la cultura *woke,* la debe establecer nuestro razonamiento. Nuestra inteligencia busca en el pasado referencias para entender el presente o, dicho al revés, siempre que estudia el pasado lo hace en el marco de las realidades y categorías que vive en el presente. Esto está muy lejos de suponer que no haya causalidad cognoscible en el acontecer humano. Por supuesto que la hay, pero es importante tener presente que todo lo humano tiene raíces multicausales, frecuentemente inextricables. Cualquier análisis histórico selecciona algunas causas para crear una narración razonable de los hechos, pero sin que se pueda alcanzar una explicación exhaustiva ni de estos ni de sus orígenes, ni pueda tomarse esa explicación por única o definitiva. Lo que aquí expondré es mi propuesta de comprensión de esa relación. Para entenderla, propongo que nos remontemos a lo que sucedió en los años de posguerra en la nación que se había convertido en líder del mundo occidental, los Estados Unidos de América.

1. EL TRIUNFO DEL ESTILO DE VIDA AMERICANO Y EL GERMEN DE LA REVOLUCIÓN

Terminada la Segunda Guerra Mundial, los Estados Unidos de América habían asumido una responsabilidad mundial. Tras el comienzo, hacia 1947, de ese sordo enfrentamiento que llamamos Guerra Fría, lo hacían en contraposición al modelo socialista soviético. Sin discusión, eran los líderes en términos económicos y de cultura material.

La victoria sobre la crisis y depresión económica de los años 30 y la derrota de los enemigos totalitarios en la Guerra Mundial convencieron al ciudadano medio de los Estados Unidos y a sus dirigentes de que cada día que pasara se subiría un escalón más en el camino de la prosperidad, la justicia, la libertad y el éxito. Había muchas razones *materiales* para pensar así en la sociedad americana de los años cincuenta y sesenta, que vivió una era de prosperidad, mejoras económicas, tecnológicas, educativas, sanitarias y de libertades antes nunca disfrutadas. Con ellas llegaban promesas de igualdad y felicidad que la publicidad se encargaba de concretar. Había dónde elegir: los hogares se poblaron de los llamados «electrodomésticos milagro» que cambiaron la vida, especialmente la vida de las mujeres, de forma impresionante, ¿qué se puede decir de la lavadora que sea exagerado para generaciones que han debido restregar paños una y otra vez, que hasta se consideraban afortunadas si podían contar con una pila de lavar en casa y no debían ir hasta el río o el pilón comunal?, ¿qué de la cocina alimentada por gas o eléctrica, con el ahorro del trabajo con la leña o el carbón?, ¿qué de la nevera, transformación casi mágica del ideal de despensa y bodega en una realidad siempre al alcance de la mano? ¿Qué del lavavajillas?, ¿o de la plancha eléctrica?, ¿o del tostador de pan?, ¿o de la estufa de gas o eléctrica? Hasta de la televisión que, aunque suscitara dudas sobre su utilidad o bondad, se convirtió pronto en centro de muchos hogares y recurso de entretenimiento general, por no hablar del tocadiscos... Sí, daba la impresión de que la solución de los problemas humanos había llegado de la mano de la industria y la generalización del consumo. La sociedad de la abundancia y sus promesas parecía el remedio, si no de todos, de casi todos los problemas.

No es extraño, por eso, que la economía mundial tuviera su centro de gravedad en la producción, el comercio y las finanzas de los Estados Unidos. Pero también la vida científica, artística y literaria giraba cada vez más en la órbita norteamericana, sobre todo en las capas más populares de otros países. Los estándares de vida aspiraban a imitar el modelo americano, con los automóviles y el equipamiento de electrodomésticos como elementos que fundamentaban un nuevo modo de habitar el mundo.

Música y cine eran también los protagonistas del entretenimiento renovado de la sociedad de consumo, y tenían en las modas americanas su punto de referencia. Hasta Los Beatles, un fenómeno musical que marcó los años sesenta, debieron pasar por una gira por los Estados Unidos para triunfar mundialmente. En ciencia sucedía lo mismo. Desde 1945, el número de premios Nobel que trabajaban en universidades de los Estados Unidos no dejaba de crecer, mientas que los que lo hacían en centros superiores de Europa menguaban.

Los ciudadanos norteamericanos estaban convencidos de que habían encontrado el camino definitivo para conquistar un futuro diferente, en el que nunca más se pasara hambre o necesidad, en el que no hubiera injusticia, una sociedad de la abundancia que fuera, además, líder benéfica del mundo.

El punto de partida que fundamentaba esas convicciones era la tradición del destino manifiesto norteamericano, una especie de convicción de ser la nación elegida por Dios, reforzada y reformada por lo que habían vivido en la Segunda Guerra Mundial. Las maravillas tecnológicas y científicas que les habían llevado a la victoria militar —y económica—, incluidas las bombas atómicas, deberían llevarlos también a imponerse sobre los viejos enemigos de los hombres: la enfermedad, la ignorancia, la pobreza, la desigualdad, la injusticia. Así se abordaba la cuestión, explícitamente, en una carta del presidente Roosevelt al hombre que había estado al frente del proyecto científico para fabricar la bomba atómica y que gobernaba el impulso político de la ciencia en América, Vannevar Bush: ¿Cómo podemos hacer para que el esfuerzo realizado en la guerra siga siendo útil en tiempo de paz? La respuesta de Bush al Presidente llevó el significativo título de *Science, the Endless Frontier*. El progreso científico y técnico abrían, según Bush, el camino a una expansión sin límites del bienestar y la mejora de la calidad de vida. Había nacido una nueva fe, de matriz materialista, aunque de momento fuera difundida en un país donde la religión tenía enorme aceptación.

Los años cuarenta y cincuenta fueron de esfuerzos serios y trabajo duro, pero parecieron confirmar las grandes expectativas suscitadas por la victoria. La riqueza y el bienestar crecieron de forma impresionante y casi generalizada, la sociedad de consumo, del bienestar y del entretenimiento parecía no conocer obstáculo que no pudiera superar. Se miraba al presente con complacencia y al futuro con optimismo. Al menos en general así eran las cosas, aunque no faltaran sombras ni críticas al modelo de vida americano.

Con todo, la visión idealizada de los años cincuenta es en parte fruto de análisis de quienes detestaron el cambio de los sesenta, y genera un sesgo en la visión que nos podría ocultar realidades interesantes. Ciertamente, la moralidad de las costumbres en los cincuenta, si se compara con la década siguiente, fue recatada, pero la aparición de publicaciones como *Playboy* en los quioscos data de 1953, las dificultades personales y sociales no eran inexistentes —especialmente para los grupos menos favorecidos— y los años finales de la década fueron testigo de un cambio de indudable relieve.

Los años finales de la década de los cincuenta fueron escenario del crecimiento de un descontento cultural que ponía en entredicho los estándares de la clase media americana del momento. La llamada generación *beat* de escritores fue quizá su más señalada representante. Su estilo rupturista y transgresor y la idea de que era preciso encontrar nuevos caminos para salir de un modo de vida hipócrita y vacío fueron compartidos por sectores cada vez más amplios, sobre todo entre las minorías ilustradas y las generaciones jóvenes. Algunos llaman a este fenómeno «la revolución de las expectativas», ya que cabe verlo como una nueva vuelta de tuerca en la aspiración a la sociedad perfecta que se había asentado en el imaginario norteamericano. Solo que ahora el afán de cambio llegaría cargado de una furia iconoclasta que denunciaría algunos de los estándares tenidos por virtuosos en años anteriores.

Cabría resumir el fenómeno diciendo que la constatación de la pervivencia de lacras sociales y morales en su sociedad, la más rica y poderosa del mundo, llevó a algunos a denunciar como hipócrita la actitud de quienes no se empeñaban en eliminarlas. Porque seguía habiendo mucha discriminación racial en Estados Unidos, y había pobreza y marginación y corrupción política y opresión en su política exterior y doblez en las costumbres y una insoportable sensación de aburrimiento y falta de autenticidad en la vida de muchos, y una economía que precisaba reformas y la necesidad de una mayor autenticidad e igualdad. Todas esas denuncias de los críticos, basadas en hechos constatables, fueron adquiriendo tonos más altos a finales de los cincuenta, y aunque pareciera que la sociedad continuaba cohesionada, se iba abriendo camino una gran fractura y polarización.

En los sesenta, la palabra estandarte del nuevo pensamiento fue «alternativo». Y su gesto por antonomasia, la rebeldía, a ser posible provocativa y ruidosa. Cabría resumir así la nueva actitud. No se negaba la posibilidad de construir un mundo perfecto, lo que se negaba es que coincidiera con lo que se estaba haciendo. Debía hacerse de otra forma, y era preciso ponerlo de relieve cuanto antes. Había que liberarse de los falsos miedos con que una moral pacata e hipócrita había encorsetado la vida de las personas. Había llegado la hora de la autoliberación de los norteamericanos. La auténtica, la definitiva.

El uso de drogas, la llamada a la rebelión y a una especie de apocalipsis que permitiera alumbrar el nuevo mundo deseado fueron el mensaje de la nueva literatura y la nueva música, y sus autores o intérpretes lo intentaron llevar a la práctica en sus vidas. El cine siguió en esto a la novela, que había comenzado a explorar una nueva manera de hablar del sexo, provocadora y ajena a cualquier contención. En 1956, *Baby Doll* (Elia Kazan) fue calificada por *Time* como «posiblemente la película más sucia hecha en EE.UU. que jamás se haya permitido legalmente». No hizo falta esperar mucho para que se proyectaran imágenes que abundaban en esa línea: la literatura sexual más barata fue llevada al cine, y a fines de la década también temas más controvertidos como la homosexualidad el aborto o el amor entre personas de diferente raza. No eran más que un preludio de lo que se iba a vivir en los años sesenta: un auténtico maremoto sacudió la cultura americana, una auténtica revolución de las expectativas, que abogaba por un cambio del horizonte de mejora al que se aspiraba, de la frontera social y su imaginario. Hay que advertir que para nuestra mentalidad resulta sorprendente, absurdo, que el amor interracial forme parte de una relación de obscenidades. La cultura del mestizaje, habitual en el mundo hispánico, testimonia una mentalidad en las antípodas del puritanismo racista, y conviene tener presente esa importante diferencia. Ayuda a entender la complejidad del problema norteamericano recordar que la primera vez que se vio a un hombre negro abrazar a una mujer blanca en una película estadounidense fue en 1957.

Podemos mencionar los grandes capítulos que sacudieron las expectativas en el mundo norteamericano. En primer lugar, la intensificación de la lucha por los derechos civiles y por el reconocimiento efectivo de los derechos de los negros en todo el país. Martin Luther King Jr. y su famoso discurso *I have a dream* data de agosto de 1963. Desgraciadamente, aunque se avanzó en esta materia en esos años, fueron también tiempos de confrontación racial violenta que costó la vida a no pocas personas, y los avances fueron en algunas zonas muy limitados.

A continuación, la lucha contra la pobreza, en el propio país y en el mundo. Se consideraba escandaloso que quien parecía haber dado con el camino mágico para generar recursos sin fin siguiera albergando en su seno bolsas de miseria y permitiendo, o incluso provocando, la muerte o la enfermedad por falta de alimentación de millones de personas en el mundo.

También fue objeto de crítica y reivindicación el modelo económico, acusado de desatender la dimensión humana de los trabajadores, atento solo a la producción y al beneficio en términos de capital. Desde el diseño de las empresas al de las ciudades, todo se puso en cuestión para pedir una economía alternativa a medida verdaderamente humana.

La preocupación por el medio ambiente y las consecuencias negativas del modo de producción industrial se abrieron rápidamente camino en la agenda política del momento. Ya no era solo cuestión de producción, sino de conservación y respeto del medio ambiente, de una nueva mentalidad frente a la naturaleza.

Quizá uno de los terrenos de denuncia más dura y radical fue el del papel de la mujer en la vida social. La obra de Betty Friedman *The Feminine Mystique*, publicada en 1963, puso en cuestión la idea hasta entonces predominante de la mujer esposa y hogareña, vista más como adorno y apoyo que como protagonista, y reivindicó una nueva posición social para las mujeres que iba de la mano de un feminismo que empujaba a la equiparación con lo masculino, también en el terreno sexual. La química se alió en este terreno con la ideología, y en 1960 se aprobó la puesta a la venta de la primera píldora anticonceptiva, que se entendía que iba a permitir un comportamiento sexual de las mujeres separado del horizonte de la maternidad. Justo el paralelo del que se entendía, seguramente con razón, que era común entre muchos hombres.

No es exagerado afirmar que el cambio cultural más claro que se operó entonces fue el experimentado por la conducta sexual de los jóvenes de aquellos años. En palabras de un estudio contemporáneo centrado en este aspecto, lo vivido a mediados de los sesenta fue «quizá la mayor transformación de la sexualidad que [Estados Unidos] haya presenciado jamás». La escenificación del cambio tuvo como escenario privilegiado el modo de vida en los campus universitarios, en unos años en que la población estudiante había crecido de forma intensa, y se proclamó como estandarte de esa generación con motivo de la celebración de grandes conciertos como el de Woodstock, todo un símbolo del movimiento contracultural.

Justo un año después del famoso discurso de Martin Luther King en Washington, el 28 de agosto de 1964, Bob Dylan hizo probar por primera vez marihuana a Los Beatles. Era un hito de otra clase, pero significativo e influyente para esa generación y las siguientes. Las drogas eran vistas como un buen atajo para divisar la nueva tierra prometida, incluso para pisarla durante algún tiempo, y su uso era presentado, por tanto, como legítimo y deseable. Lo verdaderamente alienante, pensaban y decían, eran otros comportamientos.

Para terminar con el retrato de la contracultura emergente, vale la pena mencionar otro fenómeno menos estudiado, pero de singular importancia para el éxito de las nuevas tendencias: la actitud de los medios de comunicación, y especialmente de la publicidad. La publicidad sirve de nexo entre el mundo de la producción y el mercado y el de la comunicación y la imagen. Cobró una especial importancia durante la expansión de la sociedad de consumo y del bienestar por razones obvias, hasta el punto de hacerse responsable de la generalización de la implantación o del deseo de determinados bienes y servicios y de un cierto estándar de vida. Como ha señalado John Lukacs, durante el siglo XX, la publicidad se convirtió en una auténtica institución que afectaba no solo a la vida cotidiana, sino al propio imaginario (y a veces, al vocabulario) de los pueblos, y la influencia de la publicidad llegó a ser más penetrante que la tiranía de la mayoría. Invadió las esferas del pensamiento propio, los gustos privados y el juicio personal.

Pues bien, la industria publicitaria experimentó un interesante cambio a finales de los años cincuenta y comienzos de los sesenta. El fenómeno ha sido bien estudiado por Thomas Frank en su obra *La conquista de lo cool. El negocio de la cultura y la contracultura y el nacimiento del consumismo moderno*. La cuestión que nos interesa puede formularse así: ¿cómo es posible que la pretendida revuelta contra el apoltronamiento materialista condujera a un materialismo todavía más intenso? La respuesta es que cuando se considera la cultura comercial, o «capitalista», como opuesta a la contracultura o cultura alternativa, se está cometiendo un grave error. No fue tal. Al contrario, la revolución del mundo de la empresa anticipó los valores de la contracultura, y encontró en ella un aliado formidable para alcanzar su objetivo número uno: vender más. Como se escribió ya en 1967: «Después de despreciar los valores de la clase media, los hippies los disfrutan sin sentirse culpables». Los vendedores profesionales lo comprendieron pronto y sacaron partido de la nueva oportunidad.

El inconformismo se convirtió en el estilo oficial del capitalismo, sentencia Frank. La evocación del título de la obra de Lenin *(El impe-rialismo, fase superior del capitalismo)* podría convertir la frase de Frank casi en un mantra histórico. Su concienzudo análisis demuestra lo acertado de su afirmación: a mediados de los sesenta, los empresarios buscaban una manera de reorganizar la empresa y dinamizar las ventas. Hacía tiempo que la teoría empresarial dominante, basada en la programación de objetivos, en la jerarquización y en métodos de planificación del trabajo al estilo taylorista estaban mostrando su agotamiento. Hacía falta un cambio que trajera oxígeno a la vida de unas empresas que se estaban esclerotizando en un modelo que, si tuvo éxito años atrás, ya no lo tenía tanto y podía entrar en picado pronto.

Los publicistas eran quizá uno de los grupos más sensibles a esta necesidad de cambio, querían liberarse de un sistema de trabajo cargado de limitaciones... y cuando lo encontraron, resultó que sus hallazgos venían como anillo al dedo a las tendencias inconformistas que triunfaron poco más tarde. Lo de más tarde es importante. Como ha demostrado Frank, «La revolución del mundo de la empresa, lejos de oponerse a la mayor revolución social que se produjo en aquella época, corrió paralela –y en algunos casos, de hecho se anticipó– a los impulsos de los nuevos valores con que se suele relacionar la contracultura».

Los jóvenes de los sesenta no eran antimaterialistas, sino que la generación de la protesta alcanzó la mayoría de edad como una generación de superconsumidores. Eso sí, en nombre de la rebeldía contra la sociedad de consumo, como la nueva publicidad se encargaba de recordarles. «¿Se siente marginado a causa del conformismo y la hipocresía de la sociedad de masas? ¡Tenemos un coche para usted!». Así de fácil.

De esta forma, el mundo de los negocios amplificó el efecto del movimiento contracultural y facilitó su asimilación en millones de personas. Es una razón más del éxito que obtuvo y del efecto social que se derivó de ello, como apunta J. Patterson: «A medida que estas expectativas aumentaban, millones de estadounidenses empezaron no solo a anticipar un progreso social y tecnológico cada vez mayor, sino también a creer que tenían "derecho" a todo tipo de bendiciones, incluida una profunda satisfacción psicológica».

Con esto llegamos al elemento que me parece más importante en el cambio de los sesenta: la generalización de una difusa idea de que la realización de la utopía, una utopía capitalista, es un derecho, en la vida personal y en la social.

Los Estados Unidos seguían teniendo derecho a ganar guerras, pero mientras que las que se libraban con armas estaban ahora en entredicho o empezaron a estar francamente mal vistas por muchos, no ocurría así con las *guerras* contra los problemas contemporáneos, ya fuera el cáncer, la pobreza, la desigualdad racial o la discriminación sexual. Y lo mismo en la vida personal: la autosatisfacción era una necesidad y un derecho inexcusable de todos y cada uno de los ciudadanos. Como es lógico, los políticos, por más que pretendieron librar y ganar esos combates, se vieron desbordados por tal revolución de las expectativas. La frustración política tuvo cada vez más motivos para continuar su expansión.

Debemos referirnos a otro aspecto importante del cambio de estos años, un resultado no querido por la ofensiva contracultural. Una gran parte de los norteamericanos tenía poco o nada que ver con los contestatarios, los defensores de la contracultura y los que protestaban contra la guerra de Vietnam, y esto produjo una intensa división en la sociedad americana. Una mayoría, en efecto, siguió acudiendo al trabajo en la confianza de mejorar su situación económica y tenía o pretendía tener una familia estable donde se apreciaban, vivían y transmitían los valores llamados tradicionales. Hasta en el cine esto era evidente: en 1965 las salas fueron abarrotadas por una multitud que batió el récord histórico de recaudación de un estreno. La película era *The Sound of Music* (*Sonrisas y lágrimas*, Robert Wise), un melodrama feliz y sentimental. Algo parecido ocurría con la actitud ante las drogas o el feminismo radical e incluso con la oposición a la guerra de Vietnam. La ofensiva contracultural abrió así una profunda brecha separando en dos la sociedad americana con unos criterios que iban a tener eco mundial.

2. EL CASO DE LOS ESTUDIANTES UNIVERSITARIOS: LA REVUELTA DE 1964 EN LA UNIVERSIDAD DE CALIFORNIA

Volvamos ahora la mirada a un sector social que nos interesa particularmente. El primer lustro de los años sesenta del siglo XX tuvo una peculiaridad que lo convirtió en una cima de la historia: registró las tasas de fecundidad más altas de la especie humana. Dicho de otra forma, fueron los años en que, como media, nacieron más niños por mujer. La cima, según las estadísticas de Naciones Unidas, parece que estuvo en 1963 con una tasa mundial de 5,3. A partir de ahí la tasa no ha dejado de descender hasta una media de 2,2 en 2023.

La circunstancia demográfica de los años sesenta era consecuencia de un cambio muy anterior, inesperado, producto, en sus inicios, de causas que no se han conseguido esclarecer. Hasta mediados del siglo XVIII, la población humana había estado sometida siempre a reducciones, a veces muy intensas, motivadas por circunstancias catastróficas: malas cosechas, hambre, epidemias, guerras o todo eso junto o entremezclado en diversas dosis. A partir de mediados del XVIII, sin embargo, la población humana comenzó a crecer de forma sostenida y lo ha seguido haciendo hasta la actualidad, sin que se haya producido un retroceso neto en su monto total. De resultas de ello, la población de los años sesenta resultó ser una de las más jóvenes de la historia, con un potencial reproductivo también muy alto. El dato es relevante para entender los sucesos en que nos detendremos, en los que la población joven tiene un protagonismo muy importante. También en esto había precedentes, aunque más próximos. El culto a la juventud y la idea misma de lo juvenil como categoría data, como anotó Stefan Zweig en sus memorias, del periodo posterior a la Primera Guerra Mundial: «La generación entera decidió hacerse más juvenil, todo el mundo, al contrario del mundo de mis padres, estaba orgulloso de ser joven»; y ese orgullo suponía que toda aquella «generación de jóvenes [centroeuropeos] había dejado de creer en los padres, en los políticos y los maestros». Higinio Marín ha incidido de forma muy pertinente en cómo esto impusa la moda de lo joven y lo juvenil, una tendencia experimentada ya en época romántica en el siglo XIX. La prolongación generalizada del periodo de formación de las nuevas generaciones en los países industrializados contribuyó a reforzar, si es que no hizo nacer, este fenómeno. Con la extensión de la escolarización hasta los dieciséis años o incluso los veinte y más en el caso de los universitarios, los hijos dejaron de ser una fuente de recursos, se convirtieron en una carga económica y adquirieron un nuevo protagonismo social. La exaltación vigorosa de la juventud se abrió camino como paradigma de vida lograda desplazando a la madurez. Parece que en muchas tribus africanas se consideraba «ancianos» a los mayores de 30 años, edad en que se le consideraba capaz de formar parte del consejo de gobierno de la comunidad, el consejo de ancianos. Pues bien, la condición de «anciano» en las sociedades desagregadas del mundo industrial se convirtió en el siglo XX más bien en una contraindicación para el ejercicio del gobierno o el consejo, y la categoría de «joven» se extendió hasta alcanzar en nuestros días a los septuagenarios.

Rasgos característicos de la juventud como el entusiasmo, la visión positiva del cambio, el ansia de crecimiento y el afán de disfrutar, se intensificaron, pues, como consecuencia de un hecho demográfico que se hizo también cultural. En los Estados Unidos de América, esta circunstancia se vivió en el momento en que culminaba la idea progresista que había conquistado el país desde finales del XIX. Estuvo en el núcleo de la revolución de las expectativas que hemos descrito, sin que sepamos muy bien en qué medida fue causa y en qué medida, efecto.

Algunos de esos jóvenes se sentían seriamente defraudados. Ciertamente la sociedad norteamericana era la más próspera del mundo, era una democracia estable, un lugar de libertad y prometedor donde muchos que habían empezado muy abajo habían llegado a muy arriba, unos pocos incluso a la cima. Sí, los Estados Unidos de América eran todo eso, pero eran también un país en el que se vivía una segregación racial altamente injusta en algunos de sus estados, donde había sectores desfavorecidos que parecían condenados a un círculo vicioso de pobreza, y donde no se reconocían todas esas lacras o, incluso, se justificaban y promovían indirectamente, cuando no eran salvaguardadas por unas leyes que contradecían derechos fundamentales.

Niall Ferguson, nada sospechoso de prejuicios antinorteamericanos, ha escrito que la legislación de algunos estados norteamericanos después de la Segunda Guerra Mundial era más racista que algunas leyes del Tercer Reich tenidas por paradigma de racismo intolerable. Un ejemplo puede ayudar a hacerse una idea. Mildred Jeter era una mujer de color, como dirían en Virginia, mestiza diríamos aquí: tenía ancestros afroamericanos, nativos americanos y portugueses. Richard Loving, que terminaría siendo un trabajador de la construcción, era blanco. Se habían conocido en el instituto de su ciudad, Central Point, Virginia, se enamoraron, y en 1958 contrajeron matrimonio en Washington DC. De vuelta en su ciudad de origen, fueron acusados de violar la Ley para preservar la integridad racial de 1924, que seguía en vigor. El juez les condenó a un año de prisión. Los Loving se declararon culpables. Se suspendió la sentencia a cambio de que abandonaran el estado de Virginia y se comprometieran a no volver juntos a esas tierras en los próximos 25 años. En 1963, hartos de no poder visitar juntos a sus familiares en Virginia, Mildred presentó una protesta ante el fiscal general de la Unión, Robert F. Kennedy, que les remitió a una asociación privada para la promoción y defensa de los derechos civiles. Allí asignaron a los Loving abogados voluntarios que cooperaban en casos análogos y les ayudaron a plantear una apelación judicial que terminó en fracasos en diversos tribunales hasta llegar al Supremo de Virginia, que también falló contra ellos. Sus abogados llevaron el caso ante el Tribunal Supremo de los Estados Unidos. El 12 de junio de 1967 el Supremo falló por unanimidad a favor de los Loving, lo que supuso el principio del fin de las leyes que impedían el matrimonio interracial en los Estados Unidos. No fue inmediato, el final del camino se alcanzó ya en tiempo de la administración Nixon, en 1970.

No es difícil comprender que muchos ciudadanos bienintencionados y defensores de la justicia se movilizaran contra situaciones legales como esta. Los movimientos para luchar contra esos males cobraron fuerza, especialmente en estados del Sur, donde la injusticia racial era especialmente escandalosa. Se consolidó así un movimiento de protesta y acción que se conoce como movimiento por los derechos civiles.

En realidad, el término es un eufemismo. Se trataba sobre todo de un movimiento contra el racismo. Desde mediados de los cincuenta se habían producido movimientos de protesta como el que desafió la segregación por razas en los autobuses de Montgomery (Alabama) en 1955, o los sucesos de Little Rock (Arkansas) en 1957, en los que hizo falta desplegar la Guardia Nacional para que nueve estudiantes negros fueran admitidos en el instituto de secundaria en el que la población blanca les negaba la entrada. No era más que llevar a la práctica la sentencia de Tribunal Supremo de la Unión que había prohibido la segregación por razas en las aulas en 1954, pero pudo verse lo difícil que era en la práctica el respeto a esa resolución. Las manifestaciones y marchas contra el racismo proliferaron a comienzos de los sesenta. Quizá la más famosa terminó por ser la Marcha sobre Washington de 28 de agosto de 1963 en la que el reverendo Martin Luther King Jr. pronunció su famoso discurso-sermón *I have a dream*.

Este ambiente generó movilizaciones que atrajeron a jóvenes bienintencionados e idealistas de clases acomodadas, en su mayoría de raza blanca. Es interesante que estos jóvenes debieran enfrentarse a las autoridades de algunos estados de la Unión, e incluso sufrir cargas policiales, cuando reivindicaban derechos fundamentales para compatriotas suyos que padecían una discriminación aberrante. Su idea de la democracia americana y del país de la libertad no podía menos que entrar en crisis, al menos larvada, ante tales realidades.

Esos mismos jóvenes estaban poniendo de moda otro cambio que cuajó en migración, esta vez motivada por razones climatológicas y académicas. Algunas universidades de la costa Oeste, concretamente en California, estaban empezando a atraer estudiantes de familias adineradas de la costa Este que veían con buenos ojos que sus hijos estudiaran en centros de creciente prestigio y evitaran al mismo tiempo los duros inviernos de Nueva Inglaterra o el *Midwest*. Justamente allí, en el campus de la Universidad de California en Berkeley, tuvieron lugar unos sucesos que vinieron a ser la matriz formal del movimiento estudiantil que prendió en Occidente en la segunda mitad de los años sesenta.

El punto de partida fue la instalación por parte de algunos estudiantes, a comienzos de septiembre de 1964, de unas mesas de información y cuestación para sostener algunos de esos movimientos de reivindicación de los derechos civiles. En las fotografías de esos días pueden verse mesas de información y cuestación de movimientos como Young Socialist Aliance, The Freedom Singers o Catholic Students for Social Action. Algunos de ellos habían vivido las experiencias que antes evocábamos de enfrentamientos con las fuerzas policiales y las autoridades en su reivindicación de justicia efectiva. Pues bien, el patrón de su experiencia veraniega les sirvió como recurso cuando los servicios de orden del campus les ordenaron retirar las mesas arguyendo que en el recinto universitario no estaban permitidas las actividades de movilización política. La discusión fue primero territorial: si la mesa estaba dentro del campus o fuera..., y luego de principios, si las autoridades académicas tenían derecho a limitar así o de cualquier manera su deseo de expresarse. La decana de alumnos comunicó a mediados de mes que esas actividades debían cesar, y a finales de mes, tras varias manifestaciones en contra de la medida, la universidad acordó la suspensión de ocho estudiantes que se habían negado a acatar la disposición. Era el comienzo de «la represión». El 1 de octubre, un estudiante, Jack Weinberg, desafió la prohibición e instaló una mesa a nombre del Congress of Racial Equity en pleno campus. Los servicios de seguridad de la Universidad le pidieron que la retirara y que se identificase, a lo que Weinberg se negó, lo mismo que a marcharse y desmontar su instalación. Cuando intentaron llevárselo, un numeroso grupo de estudiantes rodeó el coche patrulla para impedirlo y montó una sentada que duró 32 horas.

Esa primera sentada hizo que emergieran algunos líderes. Uno de ellos, de nombre Mario Savio, se quitó los zapatos y se subió al coche patrulla para dirigirse a sus colegas con palabras que los enardecieron. La sentada solo terminó cuando él les animó a levantarla. Se convirtió así en portavoz de la protesta y del movimiento que reclamaba ahora la libertad de hacer política en el campus. Savio era un orador apasionado que cobró pronta fama. Su biografía encaja muy bien en el molde de los protagonistas de la revuelta. Era hijo de emigrantes italianos asentados en Nueva York, fue un brillante estudiante de secundaria, el mejor de su curso. De familia católica, valoró si ingresar en el seminario para ordenarse sacerdote. Finalmente lo desechó y realizó estudios universitarios primero en Nueva York y, cuando sus padres se mudaron a Los Ángeles, en la Universidad de California en Berkeley. Implicado en actividades de apoyo social a los necesitados y también en acciones de protesta, aceptó la invitación a participar en los proyectos del Freedom Summer en Missisipi. Allí pasó el verano de 1964, prestó ayuda a personas de raza negra para registrarse y ejercer el derecho al voto y ejerció como maestro en una escuela infantil. Allí padeció también algún acto de violencia contra él y otros activistas del movimiento por los derechos civiles por el que presentó una denuncia. De vuelta en la universidad intentó recaudar fondos para el Student Nonviolent Coordinating Committee, pero se topó con la prohibición rectoral de hacerlo.

Había comenzado la resistencia ante la autoridad académica, una autoridad que seguramente sobrerreaccionaba, pero eso era lo de menos. Lo importante era que algunos estudiantes estaban trasladando a la vida del campus californiano lo que habían aprendido en el movimiento de protesta en pro de los derechos civiles y contra el racismo, y que este fue el patrón que se configuró como modelo del movimiento de protesta juvenil que, con tácticas como las sentadas, daría a los estudiantes un poder sin precedentes para presionar sobre los administradores de las universidades, preparando el terreno para las protestas estudiantiles masivas contra la guerra de Vietnam y alcanzaría un eco internacional.

El rector de Berkeley, Clark Kerr, y otros dirigentes, que habían intentado dialogar con los manifestantes, entendieron que debían ceder algo para desbloquear la situación. Pero cuando lo hicieron, era tarde. La dinámica de presión para conseguir cesiones había comenzado y ya no iba a detenerse. La anécdota de las mesas se había transmutado en la categoría de la libertad: nació el Free Speech Movement (FSM), que denominaba o institucionalizaba una protesta hasta entonces difusa. Las negociaciones se estancaron y los estudiantes volvieron a una presión cada vez más tozuda y numerosa, y siempre festiva. Las autoridades académicas seguían convencidas de que los límites a la actividad política en el campus eran la manera de preservar su independencia, mientras que los estudiantes sostenían que cualquier limitación de la libertad de hacer política era una transgresión de derechos fundamentales. A primeros de diciembre, el enfrentamiento había subido de tono. En un encendido discurso, Savio clamaba:

> Llega un momento en el que el funcionamiento de la maquinaria se vuelve tan odioso, te pone tan enfermo hasta lo más hondo, que ya no puedes participar. ¡Ni siquiera pasivamente! ¡Y tenemos que arrojar nuestros cuerpos sobre sus engranajes, sobre las ruedas y sobre las palancas, sobre el mecanismo entero, hasta hacer que se detenga! ¡Y tenemos que decirles a las personas que lo gobiernan, a sus propietarios, que o somos libres o impediremos absolutamente que la máquina siga funcionando!

Definitivamente, ya no era una cuestión de permisos para la instalación de puestos de información o de realizar algunas reformas en la normativa del campus, era una cuestión de principios. Una huelga de estudiantes desafió al consejo de gobierno de la Universidad y algunos cantantes como Joan Baez amenizaron las largas reuniones de lucha, cada vez más multitudinarias. La culminación del desafío llegó con la ocupación de un edificio emblemático del campus que solo terminó con el desalojo a manos de la policía. El escenario de la lucha por los derechos civiles se había reproducido dentro del campus. Poco a poco, todas las prácticas políticas aceptadas hasta entonces como democracia iban a ser impugnadas, denunciadas como una hipocresía acorazada por normas que solo aparentemente ayudaban a guardar la justicia. En definitiva, como puro fascismo. El 3 y 4 de diciembre, el número de arrestados aumentó como consecuencia del forzado desalojo, lo que solo contribuyó a desarrollar la espiral de provocación-represión que alimentaba al movimiento de protesta. Los profesores ayudantes se sumaron a la huelga y la protesta reivindicó la cancelación de cualquier sanción de los encausados. El 7 de diciembre el rectorado presentó una propuesta de acuerdos, que tenía bastante de rendición, aunque no incondicional. La amnistía que ofreció el rector le pareció poco a Mario Savio. Del enfrentamiento salió vencedor este último, que amenazó con una radicalización de las protestas si no se añadía al perdón la modificación de la norma que limitaba las actividades políticas dentro de la universidad. Al final venció. Las autoridades académicas cedieron y el FSM hizo norma sus deseos de hacer política en el campus.

En la plaza en que se habían desarrollado la mayor parte de las protestas, Sproul Plaza, se colocó una señal conmemorativa con motivo del 25 aniversario del movimiento, que consistió en un simbólico monumento circular en el suelo en que puede leerse: «This soil and the air space extending above it, shall not be part of any nation and shall not be subject to any entity's jurisdiction». Podríammos traducirlo por «Aquí no manda nadie». La autoridad ha sido abolida. Era un buen resumen del fondo anarcoindividualista que se impuso como interpretación de los hechos y que, seguramente, estaba también en su raíz. Y es un excelente resumen de las esencias del movimiento contracultural que estaba eclosionando, por esas fechas, en Estados Unidos y se extendió a Europa a continuación configurando una nueva izquierda.

El movimiento tuvo una gran amplitud y se apoyó en numerosos ámbitos de la cultura americana que se transformaron en esos años y que dividieron y transformaron intensamente la sociedad. El cambio fue especialmente intenso en las costumbres y, de manera especial, las sexuales, que se convirtieron pronto en bandera y objetivo del cambio que se proponía. Ámbitos como la música, el entretenimiento y, de manera particular, la publicidad se convirtieron en importantes vectores de transmisión de las nuevas ideas. La mentalidad «rebelde» fue la nueva moda y lo empapó todo. Y todo esto discurrió por un camino aprovechado por la industria, en particular por la industria de la publicidad, como ya mencionamos, para impulsar el consumo.

El aura de renovación y de conquista de nuevos espacios de libertad que tuvo el movimiento y el entusiasmo con que se siguió, marcaron su tiempo y los años siguientes. En parte se apoyaba en la denuncia de carencias reales: había discriminación racial, y también injusticias e hipocresía y brutalidad y desprecio de otros seres humanos, y excesos materialistas, etc. La protesta se concretó en muy diversos asuntos: movilizaciones y manifestaciones por los derechos civiles, concentraciones pacifistas, entre las más famosas, la de octubre de 1967 en Washington, grandes conciertos de rock and roll como el de Woodstock, o el «verano del amor en San Francisco, ligado también a la nueva ola musical y las modas hippies, que iban de la mano del pacifismo, el feminismo y un nuevo igualitarismo radical. Por esas vías penetró de forma intensa la agenda contracultural en la vida universitaria. Terminó de conquistar los campus cuando los líderes de la protesta se convirtieron en los nuevos profesores. Lo «juvenil» había triunfado hasta convertirse en hegemónico. Había ganado la batalla social, la de la opinión y la comercial, aunque a ello no se aludiera por parte de sus líderes. Faltaba quizá tomar el poder político, y algunos se apresuraron a emprender el camino para hacerlo. Así nació el Youth International Party, el Partido Internacional de la juventud, cuyos miembros se autodenominaron *yippies*, por contraposición a los *hippies*, tan alternativos como ellos, pero inclinados a formar comunas que se desentendían de la vida común de quienes no fueran como ellos. Los *yippies* aspiraban justamente a lo contrario: a dominar los órganos de poder. Más teatrales que políticos, los marxistas más clásicos los tildaban de anarquistas, lo que describía bien a muchos de ellos, o Groucho marxistas, por su afición al golpe de efecto con guiños al absurdo. Ganaron notoriedad con motivo de los sucesos de Chicago en 1968, los disturbios provocados por el intento de varios movimientos juveniles de protesta contra la guerra de Vietnam que se empeñaron en impedir la celebración de la convención del Partido Demócrata que se iba a celebrar en la ciudad. Algunos cabecillas *yippies* estuvieron entre los siete encausados por conspiración en un juicio que se hizo y los hizo famosos al ser considerado un juicio político. Ha sido llevado al cine recientemente por Aaron Sorkin en *The Trial of the Chicago 7* (2020), una película con éxito que es índice de la actualidad del asunto. El rédito político de aquella protesta juvenil no iba a llegar por esa vía, pero iba a llegar.

3. LA OLA DE PROTESTAS ROMPE EN FRANCIA: MAYO DE 1968

Las modas contraculturales y la exaltación de una nueva izquierda que revolucionaba las expectativas de progreso y consideraba insuficiente lo conseguido en la posguerra se desarrollaron también en Europa, como eco de lo que sucedía en Estados Unidos y como consecuencia de la evolución interna de la Europa Occidental. El primer lugar en que se manifestó con notoriedad pública esa nueva disconformidad fue la República Federal de Alemania (RFA). El país había nacido como una versión prooccidental de lo germano, una idea especialmente querida para el cristianodemócrata Konrad Adenauer, su primer Canciller, que había llegado a ser partidario de una Renania independiente con tal de librarse del, para él, pernicioso influjo prusiano. Bajo el gobierno de Adenauer, líder de la Unión Cristiano Demócrata (CDU), la RFA había vivido en los años cincuenta una impresionante recuperación económica conocida como «el milagro alemán», que había llevado a esa parte de la Alemania derrotada a colocarse entre los más exitosos seguidores del modelo de desarrollo económico y de bienestar norteamericano. La República Federal de Alemania había pasado de ser un terreno devastado a precisar mano de obra extranjera para atender el potencial productivo de su pujante economía. La oposición política a Adenauer estaba capitalizada por el gran partido de izquierda, el Partido Socialdemócrata Alemán (SPD) enfrentado por tradición ideológica a los criterios «capitalistas» y, por tanto, a su principal representante en el mundo de posguerra, los EE.UU. El SPD vivió a finales de los años cincuenta una transformación que le llevó a abandonar ese concepto de socialismo como alternativa a la libertad de mercado, y a dejar de plantear su ideal político como opuesto al modelo americano. La nueva socialdemocracia, liderada por el joven Willy Brandt, aceptó la alianza con los EE. UU., el atlantismo y el mercado libre y se alejó de proyectos revolucionarios. Eso parecía confirmar, para los izquierdistas más radicales, una deriva aburguesada y una traición a los principios socialistas. El único inconveniente práctico que estos tenían era que existía una República socialista alemana, la RDA, de la que la gente escapaba cuando podía en dirección a la del oeste, y que estaba abierta para ellos si querían una patria socialista, «antiimperialista». El muro antiimperialista, así se llamó en la RDA al Muro de Berlín, levantado en 1961 en esa ciudad para intentar cortar la sangría de ciudadanos hacia el oeste. Esa contradicción dificultaba las cosas para los descontentos, pero no hacía imposible el nacimiento de un izquierdismo radical. Menos todavía cuando se produjo en 1966 un acontecimiento que parecía confirmar la denuncia de los radicales. Tras la salida de Adenauer del poder, los conservadores de la CDU y los socialdemócratas del SPD formaron una gran coalición para gobernar juntos. Para la izquierda extraparlamentaria, la explicación estaba clara: todos eran lo mismo, a saber, fascismo enmascarado.

El movimiento de protesta ganó a los estudiantes universitarios alemanes, que salieron a la calle y organizaron huelgas en 1967. El eco de esa ola de contestación se transmitió a Francia a través de los noticiarios audiovisuales, que también se hacían eco de las protestas norteamericanas y, como ha estudiado Pierre Sorlin, fue el caldo de cultivo de lo que sucedería en París y se extendería por toda Francia en mayo de 1968. El lugar donde prendió primero tiene también su interés. Ocurrió en un nuevo campus universitario creado a las afueras de París, en Nanterre, donde se había instalado una Facultad de Letras que se esperaba fuera el embrión de una nueva universidad modelo, matriz del nuevo estilo de descongestión, reforma y puesta al día que el gobierno estimaba necesario para la Universidad francesa. Al gobierno le preocupaba la Universidad, que había pasado de 200.000 estudiantes en 1958 a 500.000 en 1968 y precisaba una reforma que acababa de anunciarse.

Las fotografías del campus de Nanterre en aquel momento muestran edificios funcionales recién construidos separados por un espacio a medio urbanizar, con material de construcción esparcido aquí y allá, que da la impresión de barrizal intransitable, y que probablemente contribuyó a crear allí entre los estudiantes un clima de aburrimiento e irritación. Quizá por eso, alejados de otros intereses que hubieran podido encontrar de estar en París, la revuelta comenzó entre los estudiantes de Nanterre, que protagonizaron cada vez más frecuentemente protestas y comenzaron a tildar de nazi a su decano. El gobierno tuvo noticia directa de este malestar por primera vez cuando el ministro de Juventud y Deporte, François Misoffe, padre de ocho hijos, visitó Nanterre para inaugurar la piscina, nada menos, que se había construido allí, y discutir con los estudiantes acerca del *Libro blanco de la juventud* que el Gobierno había preparado. Para su perplejidad, se vio asaltado por un estudiante pelirrojo, entonces desconocido, que le recriminó que no tuviera en cuenta los problemas sexuales de los estudiantes. El ministro intentó salir del paso recomendando a su irritado interlocutor, Daniel Cohn-Bendit, que se diera un baño en las nuevas instalaciones.

Un mes más tarde estalló en el mismo lugar una especie de motín sexual que culminó con el asalto de la residencia femenina por parte de los chicos, incidente que requirió la intervención de la policía para desalojar a los asaltantes. A finales de marzo se produjo una manifestación antinorteamericana en la que se quemó una bandera de ese país y se detuvo a varios estudiantes. Daniel Cohn-Bendit y otros compañeros ocuparon entonces algunas aulas y crearon el movimiento 22 Mars, que sería el germen de la revuelta de mayo. La reivindicación de facilidades sexuales, quizá por demasiado elemental, pero también porque todo iba junto, se había rodeado ahora de retórica antiimperialista y de llamadas a la expansión de las libertades y a una nueva política. El movimiento se volvió más reivindicativo y contundente cuando el gobierno aprobó una reforma de la ley de universidades que se apoyaba en criterios de selección para el acceso a esos estudios. La odiada palabra «selección» enemiga mayor de la igualdad como principio, combinada con los ideales del 22 Mars, encendió la mecha de las protestas reiteradas, las hizo cada vez más estridentes y convirtió en crónicos los enfrentamientos con la policía, todavía poco espectaculares.

Para las autoridades políticas, aquellas reivindicaciones y movilizaciones aparecían como frutos de la inmadurez y problemas menores que convenía atender por razones de decoro público, pero poco más. Para las autoridades académicas era diferente: los problemas en Nanterre llevaron al decano, cansado de la recurrencia de los desórdenes, a cerrar la facultad unos días. La decisión se iba a demostrar imprudente, porque trasladó por primera vez a La Sorbona las reuniones de protesta de los de Nanterre, un precedente importante. Durante las vacaciones de Pascua llegó una noticia de Alemania que volvió a encender la mecha de la protesta. Un activista estudiantil alemán, Rudi Dutchske, había sobrevivido por poco a unos disparos de elementos de extrema derecha. El 12 de abril, una manifestación de solidaridad recorrió París. Durante ella, un coche de policía recibió ya impactos de diversos proyectiles.

Reabierta la facultad en Nanterre, un nuevo incidente subió la temperatura el 26 de abril. El diputado comunista Pierre Junquin, un conocido intelectual miembro del comité central del Partido Comunista Francés (PCF), que había sido invitado a hablar en Nanterre, fue recibido con una pancarta en la que se advertía que la clase obrera de estudiantes progresistas vomitaba a los intelectuales revisionistas, entiéndase del marxismo. A la nueva izquierda, el comunismo de Moscú le quedaba a la derecha. Para dejar más clara su postura, los del 22 Mars abuchearon a Junquin, le impidieron hablar con sus gritos, y le increparon llamándole Judas. Fue el incidente «Junquin, Judas», un episodio revelador de la fuerte tensión que enfrentaba al PCF y a la nueva izquierda emergente, uno de los ingredientes importantes de los sucesos posteriores. El 2 de mayo el decano de Nanterre decidió, ante la renovación de los incidentes, cerrar de nuevo la facultad, y esto trasladó otra vez las protestas a La Sorbona. Allí, el rector pidió ayuda para terminar con un nuevo motín el día 3. La casualidad quiso que el gobierno se sintiera confiado por la publicación, ese mismo día, de un artículo de Georges Marchais, líder del PCF, en el diario comunista *L'Humanité*. El suelto de Marchais estigmatizaba al «anarquista alemán Cohn-Ben-

dit» y denunciaba a esos «hijos de grandes bur-
gueses» que estaban haciendo el juego «al poder
gaullista y los monopolios capitalistas».

Esta alusión al «poder gaullista» por parte del
dirigente comunista nos pone frente a dos hechos fundamentales para entender la dimensión
política de los hechos y su desarrollo. Charles
de Gaulle había vuelto al poder justamente diez
años antes, en mayo de 1958, ante una amenaza
de sublevación militar generada por la postura
del gobierno ante el terrorismo separatista argelino, incontrolado para entonces. De Gaulle volvió al poder con condiciones: la más importante, que se permitiera a una comisión de expertos
elaborar una nueva constitución. Su meta era
configurar un sistema político que no dependie-
ra tanto de los partidos como el de la IV República vigente desde 1946. Lo consiguió. Obtuvo
un apoyo altísimo en el referéndum de aproba-
ción del proyecto de constitución que preparó
junto a esos expertos. El nuevo sistema tenía un
Ejecutivo fuerte, especialmente en el presidente
de la República, que tenía facultades amplias en
el gobierno y una capacidad de maniobra por
encima de los partidos. Para reforzarla, De Gaulle impulsó la reforma del modo de elección y
consiguió que el presidente fuera elegido por
sufragio universal directo desde 1962. Era una

aproximación que recordaba la constitución de los EE.UU., y también la de la II República francesa, que había terminado con el presidente, Luis Napoleón Bonaparte, convertido en Emperador. Algunos atribuían a De Gaulle una intención parecida.

La fuerte personalidad del general atrajo en torno a él a un importante número de políticos, de derecha en su mayoría, pero también de izquierda, que confiaban en el sistema y, más todavía, en la persona, para llevar adelante la tarea.

El grupo más fuerte en la oposición era el Partido Comunista, que dominaba amplios sectores de la vida francesa, en especial la cultura, buena parte de los medios de comunicación y la mayoría del mundo sindical. Entre De Gaulle y los comunistas quedaban los socialistas con un apoyo menor, algunos republicanos de centro izquierda y diversos grupos menores. La vida política de la V República había sido en conjunto un éxito, había conseguido sacar a Francia del atolladero argelino, no sin generar graves turbulencias en el mundo de los argelinos de origen europeo y en parte del Ejército, que habían cuajado en un grupo terrorista empeñado en terminar con De Gaulle, al que consideraban un traidor. Por otra parte, siguiendo una idea muy propia del presidente de la República, Francia había hecho gestos claros de independencia respecto a las superpotencias, y especialmente frente a los EE.UU., que De Gaulle consideraba aliados, pero no hasta el punto de confiarles el criterio de la acción exterior francesa. Una de las maneras de equilibrar la relación era mantener una buena relación con la URSS. De Gaulle estimaba que en realidad se trataba de Rusia, como siempre la llamaba: entendía que el comunismo era un disfraz ideológico que apenas si camuflaba los intereses del viejo imperio ruso. La relación especial con China, con la que Francia restableció las relaciones diplomáticas en 1964, y con los países satélites de la URSS eran otras características de la orientación gaullista, junto a una decidida y lograda voluntad de reconciliación con la RFA, sellada por un tratado en 1963. Como señal del peso francés en las relaciones internacionales, en mayo de 1968 estaba prevista una conferencia internacional en París para intentar detener y hallar solución a la guerra en Vietnam.

Tras diez años de gobierno, De Gaulle pensaba que era momento de emprender reformas, y de ello había hablado a los ministros, comenzando por el jefe de gobierno, Georges Pompidou: la sociedad había cambiado en los últimos años y era preciso adaptar el marco legal y la iniciativa gubernamental a las nuevas realidades. La universidad era un buen ejemplo de ello, ya hemos mencionado antes el proyecto de reforma que se ha topado con la contestación estudiantil. Cuando apareció el obstáculo de Nanterre, De Gaulle apremió a su ministro de Educación: hay que arreglar ese asunto. Tanto él como los demás miembros del Gobierno apenas pensaron que aquello pudiera pasar de un episodio de desórdenes pasajeros. Tenían en su agenda tareas más importantes. El primer ministro, George Pompidou, salía en esas fechas para un viaje de diez días por Irán y Afganistán. Más o menos por entonces, el propio De Gaulle había comentado a su ayudante de campo François Flohic: «Esto no me gusta mucho; no hay nada difícil ni heroico que hacer».

Pero el traslado de la crisis a la Sorbona, es decir, al centro de París, a partir del 3 de mayo y el desalojo de la universidad ordenado por las autoridades cambió la naturaleza de la crisis iniciada en Nanterre. Pasó de una revuelta estudiantil a una decisión represiva gubernamental que la opinión pública tenía dificultades para compartir: la acción policial contra los estudiantes y las detenciones de un gran número daban la impresión de un uso de la fuerza desproporcionado. El día 5, De Gaulle convocó a quien hacía las funciones de primer ministro durante el viaje al extranjero de Pompidou, el ministro de Justicia Louis Joxe, al ministro del Interior, Christian Fouchet, y al de Educación, Alain Peyrefitte, y les animó a reaccionar con contundencia ante lo que consideraba un motín: consentirlo sería tanto como destruir el Estado por omisión. Los ministros eran partidarios de una vía más conciliadora que la propuesta por el Presidente, les parecía más proporcionada a una provocación estudiantil sin mucho calado y, por tanto, poco peligrosa. Y eso a pesar de la llamada a la huelga total en las universidades que había sido convocada ese mismo día.

A partir de entonces las cosas no hicieron más que empeorar: la violencia se desató de forma inesperada. El gobierno, y también la oposición, tardaron en comprender que se trataba de una acción política entendida como tal por los estudiantes. La respuesta represiva de las autoridades tratando de restablecer el orden siguió chocando con la simpatía hacia la causa estudiantil que ganaba cada vez más a la opinión pública. La idea de la brutalidad represora de la policía pesaba más que la contraria. De Gaulle seguía pidiendo a sus ministros firmeza, pero, al mismo tiempo, imaginación y pericia para cambiar las cosas: «Señores, es necesario reformar la Universidad... pero no es posible tolerar la violencia en la calle». Los comunistas también matizaron su postura inicial de condena del movimiento. Georges Séguy, secretario general de la central sindical CGT y miembro del buró político del PCF, aunque seguía denunciando a los «provocadores» de extrema izquierda, habló ahora de su «simpatía por los intelectuales que se ponen resueltamente del lado de la clase obrera». Había algo nuevo en la calle y el partido no quería distanciarse completamente de ello. Los comunistas tendieron puentes hacia los indignados, los «enragés», como se les denominaba y se denominaban. No fueron los únicos. En una maniobra habitual ante este tipo de sucesos, el prefecto de policía de París ofreció al principal sindicato de enseñanza superior (SNE-Sup) una nueva línea directa de teléfono para mantener el contacto. No tuvo el resultado esperado. Como le hicieron saber desde el sindicato estudiantil, ni siquiera ellos controlaban totalmente el movimiento, aquello escapaba de los «viejos» movimientos estudiantiles.

El 8 de mayo, De Gaulle pidió más contundencia en la respuesta. Reunido con los más directos responsables les leyó un mensaje remitido por cinco premios Nobel pidiendo un gesto de apaciguamiento. Para él, eso era pura demagogia. El General opinaba lo contrario: debía detenerse el desorden incluso disparando si hiciera falta. Los ministros mantuvieron su postura y le convencieron de que era mejor transigir: anunciaron la reapertura de la Sorbona. Los líderes estudiantiles contestaron llamando de nuevo a la radicalización. Al día siguiente, De Gaulle recriminó al responsable de Educación, Peyrefitte, su decisión. Tal como De Gaulle veía las cosas, el enfrentamiento entre los izquierdistas radicales y los comunistas marcaba una importante divisoria, la meta de Cohn-Bendit y los suyos era destruir el orden social imperante, un orden del que los comunistas eran «garantes» en tanto que oposición integrada en el sistema. Si los indignados se salían con la suya, todo el sistema, el sistema de la República tal como él lo concebía, estaría en cuestión. De Gaulle confiaba en que los comunistas no permitirían que el mundo obrero se uniera a la revuelta, como pretendían los estudiantes. Pero los hechos fueron por otro camino.

La nueva ola de desórdenes llevó a Peyrefitte a dar la orden de cerrar otra vez la Sorbona con el consiguiente desprestigio ante la opinión pública. El 10 de mayo se vivió una noche de intensos enfrentamientos y barricadas en el barrio Latino. La policía tardó en intervenir. Ese mismo día debía comenzar la conferencia de París sobre la paz en Vietnam, un teórico y esperado éxito de la diplomacia francesa. La realidad parisina estaba lejos de ser pacífica: el 11 de mayo los disturbios terminaron a las 5:30 de la mañana con un balance de 721 heridos, 367 de ellos graves. Afortunadamente, no había habido muertos. Se han ofrecido dos versiones diferentes sobre las instrucciones que De Gaulle dio sobre una posible intervención del ejército para poner orden, las dos del ministro de defensa Messmer, que en un primer momento escribió que el presidente le había indicado que había que esperar. En la segunda, de 1998, reiterada en 2007, afirma que le empujó a desplegar una fuerza militar y abrir fuego si era preciso. Algún autor conjetura que la válida es más bien la segunda. Si lo fue, nunca se ejecutó.

Efecto importante de la creciente violencia fue que el PCF se alineó ya en público contra la represión, dejó de hablar contra «los izquierdistas» y se alió con los rebeldes. Uno de los grandes sindicatos, la CFDT (*Confédération française démocratique du travail*, antiguo sindicato católico vinculado al izquierdismo no comunista), apoyó a los estudiantes: había comenzado el movimiento social. El sindicato comunista CGT, aunque no se mostraba ya opuesto al movimiento, mantuvo todavía algunas distancias.

En medio de este cambio de escenario social y político regresó Pompidou de su viaje. Llegó con ideas propias y nuevas, de negociación y conciliación: era partidario de reabrir la Sorbona, liberar a los detenidos, retirar la policía de las calles y recuperar así la iniciativa. De Gaulle, poco convencido de la eficacia de las medidas, le concedió autonomía para ejecutarlas, algo que más tarde lamentó. La alternativa, la dimisión del jefe del Ejecutivo en mitad de la crisis, le había parecido todavía peor. El dilema de fondo era estratégico: Pompidou estaba convencido de que el enfrentamiento entre comunistas e izquierdistas dejaba a salvo el sistema, mientras que De Gaulle pensaba que tal frontera podía borrarse, o llegar a carecer de importancia, si el Estado seguía sin hacer valer su presencia de modo eficaz.

El deslizamiento por la pendiente de la complicación y la radicalización continuó con una multitudinaria manifestación el día 13 en la que por primera vez se escucharon gritos contra De Gaulle: el «dix ans, *ça* suffit!», con diez años hemos tenido bastante, hasta entonces un rumor en círculos de la oposición política, llegó así a la calle. Fue el síntoma de una conexión efectiva entre la política y la revuelta. Ocurrió en un momento simbólicamente intenso para un país como Francia, tan aficionado a la historia y sus conmemoraciones: en el décimo aniversario del 13 de mayo de 1958 que había marcado el retorno al poder del general. De Gaulle llegó a pensar si todo esto no tenía que ver con su política hacia el Este de Europa. Tenía previsto un viaje a Rumanía, donde quería apoyar la política de Ceaucescu, que se presentaba como un ejemplo de criterio autónomo frente a Moscú: ¿debía cerciorarse de si era ese el problema latente? En Checoslovaquia, por otra parte, se estaban viviendo momentos difíciles en esos mismos días: la política de apertura de Alexander Dubceck, la llamada «primavera de Praga», había sido motivo de serias advertencias a los reformistas checos por parte de Moscú y de movimiento de tropas del Pacto de Varsovia para unas maniobras militares próximas a las fronteras del país. Pompidou, por su parte, se preguntaba si no sería la conferencia sobre Vietnam lo que alguien intentaba sabotear. Mientras continuaban las dudas gubernamentales, el desorden seguía ganando la calle. La esperanza de los gobernantes era que la actitud anárquica de los revoltosos terminara por cansar a la opinión, la alarmara y la empujara a apoyar las posturas gubernamentales. Con esa confianza, para transmitir una sensación de normalidad, tras dudarlo mucho, el presidente de la República hizo caso a su Gobierno y emprendió el día 14 su viaje a Rumanía.

Pero no llegó un cambio favorable al gobierno, sino lo contrario. La crisis estudiantil se transmitió a través de los sindicatos al tejido social y se declararon huelgas que el día 16 sumaban 600.000 participantes. Pompidou seguía convencido de que no era señal de que el PCF estuviera preparando un asalto al poder; estaban, sencillamente, dejando ver su fuerza frente a la exhibición neoizquierdista en el ámbito universitario. De Gaulle, mientras tanto, hablaba en Rumanía con su ministro de Exteriores, Maurice Couve de Mourville, de la crisis de civilización que evidenciaban los hechos: eran una clara llamada a emprender urgentemente reformas profundas. Su propuesta era impulsar nuevas formas de participación, social y política. Ese sería el nuevo horizonte de su mandato. Otra paradoja de estos días residió en que, mientras De Gaulle era aclamado por los obreros de un país comunista, el gran sindicato comunista francés, la CGT, confirmó su viraje en Francia para sumarse al movimiento huelguístico. Pompidou declaró luego que ese fue el momento en que comenzó a inquietarse seriamente ante los acontecimientos. Pesaba en esa creciente preocupación que la postura de la CGT significaba que el gobierno ya no podía contar con la televisión como un canal de difusión de mensajes: su personal estaba controlado mayoritariamente por los comunistas. Pero había también motivos para la confianza: dentro del PCF las consignas eran, por el momento, mantener un tono reivindicativo, pero no revolucionario. Con todo, la situación era ya explosiva. Los ministros que insistían en pedir la vuelta del presidente de Rumanía terminaron por imponerse y conseguirlo.

De Gaulle interrumpió su viaje y regresó a París el 18 de mayo. Lo hizo convencido de que los comunistas habían cambiado de orientación y de que estaba ante una batalla totalmente diferente de la que inicialmente había supuesto. Sus ministros han relatado la furia con que les reprochó su actitud: «Basta que De Gaulle se vaya, y se hunde todo», daba la impresión de que no sabían gobernar. Ese día De Gaulle, como hacía de tanto en tanto, volvió a utilizar un vocablo en desuso para referirse a lo que él consideraba desorden y caos insufribles y repugnantes: «La reforme oui, la chienlit, non!». La reforma, sí, el pandemonio, no. En realidad el arcaísmo «chienlit» hacía referencia a un muy simple disfraz de carnaval de contenido escatológico. Los estudiantes iban a tomar nota de la referencia. El presidente reprochó a Pompidou su actitud apaciguadora que, según él, había empeorado las cosas, se negó a aceptar su dimisión y le habló de su proyecto de plantear un referéndum. Era una respuesta por elevación al desafío político: subiría la apuesta. La consulta popular plantearía algunas de las reformas en que había estado pensando, concretamente la participación de los obreros en el gobierno de las empresas y de los diversos sectores implicados en el de la Universidad. Serían las primeras piedras de su nuevo plan de renovación social y política de Francia. Resumió sus instrucciones al ejecutivo con un contundente «¡Se acabó el recreo!» y les anunció que el día 24 se dirigiría al país en un mensaje televisado en el que anunciaría los cambios que deseaba impulsar.

Mientras él se enfrascaba en la preparación del giro político y el mensaje sobre la participación, había que prestar atención a las huelgas que habían proliferado. Como forma de detener la escalada, dio vía libre al gobierno para abrir negociaciones con los sindicatos. Lo hicieron por medio de un joven ministro que había militado en el comunismo y conservaba en esos medios importantes contactos: Jacques Chirac.

El general no confiaba en esa gestión como vía de solución, pensaba que conduciría a un «Múnich económico», en referencia a las maniobras apaciguadoras frente a Hitler en 1938, mientras dejaba intacta la cuestión de fondo: la necesidad de una seria reorientación política. El 19 y 20 de mayo, la situación siguió empeorando. De Gaulle leyó los despachos de la agencia oficial de noticias china que exaltaban el movimiento estudiantil y su filiación maoísta: así pagaban a Francia haber sido la primera entre los grandes en abrirles la puerta de la diplomacia. No obstante, su gran temor seguía siendo que el PCF estuviera preparando un asalto al poder, algo que las fuentes soviéticas disponibles parecen desmentir. Más bien daba la impresión de que el PCF prefería esperar, constatar hasta dónde resistía el gobierno, y prepararse para conformar uno alternativo de amplio espectro que luego pudieran controlar en solitario.

La confusión al respecto creció en los días siguientes: el gobierno superó una moción de censura mientras negociaba en secreto con los comunistas, sin tener claro qué pretendían en último término. La prensa china llenaba de elogios a los «izquierdistas» desmarcados del PCF: maoístas, trotskistas o anarquistas de la Fédération de la gauche, una organización promovida en 1965 por un socialista, François Mitterrand, para agrupar a la izquierda no comunista. La prensa soviética seguía la crisis a través de las declaraciones de líderes del PCF y la CGT o de discursos oficiales, y se mostraba claramente enfrentada a los «izquierdistas» jaleados por los chinos, que les acusaban de «revisionistas». Pero los signos eran inquietantes. Nuevos grafitis denunciaban ahora a De Gaulle como responsable de los males: «La chienlit c'est lui!», es él quien causa estragos, pintaban en las paredes con un ingenioso molde hecho a medida de las declaraciones del general y de su caricatura. Nacía así una nueva orientación política del movimiento. Mientras tanto, la URSS concentraba tropas del Pacto de Varsovia en la frontera checoslovaca en un episodio más de esa crisis paralela a la que De Gaulle no dejaba de mirar.

La revuelta seguía su curso por una vía que reunía algunas de las características más propias del siglo XX, entre ellas, el fuerte peso de la publicidad. Los estudiantes llenaron de grafitis las aulas, los pasillos y las calles, y algunos, los que tenían más sonoridad y fuerza expresiva, tenían aire de proclamas publicitarias y se hicieron famosos. Era la revolución publicitada y sonaba a sabiduría concentrada que removía los viejos proverbios para crear otros nuevos: *Il est interdit d'interdire!*, «prohibido prohibir»; *Soyez réaliste. Demandez l'impossible!*, «sea usted realista. Pida lo imposible». Ciertamente, hubo talento poético al servicio de la revuelta. La difusión del mensaje tuvo también ese otro elemento que Frank ha identificado como estilo oficial del capitalismo: inconformismo. Quizá hay que añadirle algo más: informalidad, ruptura con las buenas maneras, y eso a pesar de que siguieran tratando de usted al lector en una muestra de apego a las formas que se mantuvo en la lengua francesa. La revuelta tenía psicológica y vitalmente la fuerza y el atractivo de lo juvenil. Como ha interpretado certeramente Higinio Marín, fue una exaltación de «lo joven» que se instaló en nuestra cultura. Con ella llegó una sustitución del Dios cristiano por el Júpiter pagano, *Iove*, el dios siempre joven, poderoso. Idéntico a los humanos en sus pasiones y caprichos, diferente en la inmortalidad y en la consiguiente irresponsabilidad. Él sería el «nuevo» modelo y el «nuevo» ídolo.

4. CRISIS POLÍTICA

De Gaulle era consciente de la hondura de la crisis cultural. Lo había comentado con varios de sus ministros, pero quizá no comprendió la nueva fuerza de la opinión masiva y su capacidad de arrastrar. Su mentalidad estaba moldeada por la lectura de libros más que por la televisión o los noticiarios filmados. Por otra parte, él estaba concentrado en hacer que el Estado volviera a funcionar, que el Gobierno ejerciera su misión de gobernar y fuera respetado, y que el horizonte de cambio permitiera un acuerdo social que recuperara la convivencia. La ola de protesta y su contagio había seguido creciendo mientras se desarrollaban ocultamente las negociaciones y el presidente preparaba su discurso. Se llegó al 24 de mayo con diez millones de huelguistas y la esperanza del gobierno puesta en la alocución televisiva de De Gaulle, en la que el jefe del Estado lanzaría un órdago: o las propuestas de reforma que planteaba eran aceptadas en referéndum o él se marcharía. El general había recurrido a la eficacia profunda y expansiva de la palabra en varios momentos de su vida, la esperanza era que este fuera otro más.

Pero ocurrió justamente lo contrario. El discurso fue un fracaso. No funcionó y, lo que es peor, alimentó la idea de una revuelta política contra él y «su régimen». La crisis estudiantil que se había vuelto social era ahora claramente política. El referéndum que había propuesto fue despreciado. Ni siquiera los gaullistas entendían qué sentido tenía plantearlo en ese momento. En cuanto a su amenaza de dejar el poder si el voto era negativo, fue recibida con cánticos de los estudiantes anticipándose y diciéndole adiós. Quien tantas veces había conseguido gobernar con la palabra, reconoció que se había equivocado: había sido una salida de pata de banco, «J'ai mis à coté de la plaque», y la situación era «insaisissable», no había por dónde agarrarla. Pensó en marcharse. Lo detuvo Pompidou en una reunión de madrugada, llamándole a continuar en la tarea y a confiar en los acuerdos que se estaban negociando. Pero para De Gaulle los cuatro días siguientes fueron de caída en picado: entendió claramente que era él quien estaba en cuestión ahora, con todo lo que eso significaba.

La oposición lo entendió así también. Un mitin gigante convocado en el estadio de Charléty el 26 permitió formalizar una alternativa izquierdista: un gobierno con un conocido protagonista de la política de la IV República, Pierre Mendès France, y el socialista François Mitterrand que preconizaban una revolución sin comunistas, algo que estos últimos no podían consentir. Eso repercutió en las negociaciones que en esos mismos días mantenía el sindicato comunista CGT con el gobierno. Las negociaciones se aceleraron, donde todo habían sido obstáculos se abrieron vías de entendimiento y el 27 de madrugada se alcanzó un acuerdo *in extremis*. Pero, aunque solo fuera por unas horas, resultó ser demasiado tarde. Cuando, por la mañana, los mandos sindicales comunicaron el acuerdo a sus representantes en las empresas, especialmente en las más grandes de París, no consiguieron que las asambleas obreras, que se habían comprometido ya con la reivindicación política, lo aceptaran. La vía de la negociación de Pompidou fracasó también, en el último minuto. Enfrente, la prioridad política impulsada por los «izquierdistas» estaba ganando la partida a los comunistas. Eso obligó al PCF a cambiar de táctica, a bajarse del pedestal de líderes de la oposición y a alinearse con la reivindicación de un «gobierno popular» en el que estarían dispuestos a participar con otros grupos políticos. Para entonces todo indicaba que, definitivamente, los comunistas querían ponerse a los mandos de un proceso político que parecía imparable. Dentro del PCF no había acuerdo sobre el procedimiento. En el Comité Central pensaban que no era la hora de la revolución, pero sí parecía el momento de la toma del poder, porque este se estaba hundiendo y solo era cosa de recogerlo. Decidieron tomar la iniciativa y convocaron una manifestación para el día 29 con el lema «Gouvernement populaire», tratando de adelantarse a que Mitterrand se hiciera con la presidencia de la República, como había ofrecido. Entre los gaullistas, mientras tanto, cundía el desánimo, y dentro del Gobierno, también: ni siquiera podían garantizar las comunicaciones internas en el ministerio del Interior. Se estudiaron planes para sacar al gobierno de París, como en 1871 o 1940. Un nuevo desastre político parecía cernirse fatalmente sobre Francia.

A partir de aquí, los sucesos de los últimos días de mayo del 68 tuvieron como gran protagonista, inesperadamente, a ese Charles de Gaulle que aparecía sobrepasado por los acontecimientos el día 24. No es de extrañar que la interpretación resulte difícil, como ponen de relieve las distintas opiniones al respecto y la acumulación de testimonios en torno a esos hechos. Difícil, primero, por la alta densidad de acontecimientos; segundo, porque para reconstruir los hechos contamos con versiones que es complicado compatibilizar, o que son sencillamente incompatibles y, tercero, porque da la impresión de que su principal protagonista buscó deliberadamente dejar poco claro qué había querido hacer. Esto parece seguro y está en la línea de cómo pensaba él que debía ejercerse el liderazgo en momentos de crisis: utilizando el engaño y las apariencias para tomar ventaja y manteniendo el secreto de la decisión casi en solitario.

Recordemos esquemáticamente lo sucedido. Tras el fracaso de la salida negociada con el Gobierno, el 28 de mayo daba la impresión de que los comunistas habían decidido tomar el poder: convocaron una manifestación para el 29 que podría terminar con un asalto del Elíseo. A primera hora del día 29, De Gaulle suspendió el consejo de ministros previsto para esa mañana, lo pospuso para la tarde del 30 e, inesperadamente, anunció a un perplejo Pompidou que se marchaba a su casa en el campo en Colombey-les-deux-églises. Le ocultaba su verdadero plan, que incluía al menos un destino intermedio. En realidad, sin comunicarlo a nadie, voló hasta la base militar francesa en la localidad alemana de Baden-Baden donde se entrevistó con el general Massu, jefe de las tropas francesas estacionadas en la RFA. Lo hizo de forma que el vuelo fuera indetectable por los servicios de seguridad civiles o militares. Allí se le unió su hijo Phillipe con su familia en un claro intento de evitar un secuestro que impidiera actuar a De Gaulle con la más completa libertad de decisión. La entrevista con Massu duró unas horas. El presidente la interrumpió de improviso y desde allí voló a Colombey a media tarde. La noticia de su desaparición durante unas horas conmocionó a la cúpula del poder desde las dos de la tarde. En plena crisis el presidente de la República había desaparecido. Pompidou y algunos ministros más estaban perplejos y buscaban frenéticamente aclarar dónde se encontraba procurando no hacer pública la noticia. Con todo, esta llegó a conocimiento de algunos periodistas y se difundió brevemente a través de los medios de comunicación hacia las cinco y media. Ya en Colombey, De Gaulle telefoneó a Pompidou a las seis y media, no le dio ninguna explicación sobre su paradero anterior, y le confirmó la celebración del consejo al día siguiente.

Poco después dio comienzo en París la manifestación comunista, enormemente concurrida. Se disolvió sin incidentes en torno a las siete y media. De Gaulle, que se había dado un paseo por el campo al regresar de Baden-Baden, siguió los acontecimientos por los escuetos informativos que se emitían. La noticia del final sin incidentes de la manifestación pareció relajarlo. Cenó sin hablar del asunto y se retiró a descansar. A primera hora del día siguiente, 30 de mayo, volvió a París, presidió el consejo de ministros e hizo saber que hablaría por la radio esa tarde. Fue una alocución brevísima, de apenas cinco minutos, que vale la pena escuchar. Anunció que no iba a retirarse, que posponía la celebración del referéndum que había anunciado el día 24 en su fallido discurso televisado, que disolvía las cámaras y que convocaba elecciones. Responsabilizó del desafío a la República a una amenaza dictatorial del comunismo totalitario, apoyada sobre la ambición y el odio de políticos retirados. En medio de dudas, algunos gaullistas pensaron en convocar una manifestación de apoyo al General. Muchos otros, especialmente en el Gobierno, pensaban que era una improvisación insensata: convocar precipitadamente a una concentración así podría terminar en fracaso y entonces sí que el ridículo llegaría a lo más hondo. Con todo, la convocatoria se abrió paso. Esa misma tarde la manifestación más grande de mayo de 1968 recorrió París en apoyo del jefe del

Estado y provocó la expresión de un movimiento de opinión hasta entonces silenciado. La mayoría silenciosa había hablado. A partir de ahí todo cambió: las huelgas se debilitaron hasta desconvocarse, el movimiento estudiantil perdió fuerza y, en junio, el orden recuperado permitió celebrar unas elecciones que dieron a los gaullistas la mayoría parlamentaria más amplia de su historia.

¿Cómo deben interpretarse los hechos? Hay una evidencia básica en la que coinciden todos los estudios: De Gaulle fue su gran protagonista; se transformó y transformó la situación en 48 horas que resultaron cruciales. Lo difícil es interpretar cómo lo hizo y por qué el que había fracasado tan estrepitosamente por televisión el 24 y parecía perdido en los últimos cuatro días produjo un efecto tan diferente con su discurso radiofónico del 30.

Las interpretaciones de los hechos han estado mediatizadas por sucesos posteriores, especialmente por los resultados electorales de junio. También por el relevo del primer ministro Pompidou, la celebración de un referéndum el 27 de abril de 1969, y su resultado negativo, que llevó a la retirada de De Gaulle la misma medianoche del día de la consulta. Todavía más influyó el fallecimiento del general el 9 de noviembre de 1970. A estos hechos inmediatos deben sumarse las revelaciones sobre lo sucedido en mayo del 68 por parte de los protagonistas que fueron haciéndose públicas en años sucesivos, a veces para precisar o desmentir las versiones que iban apareciendo. En otra parte nos hemos ocupado con detalle de desgranar y analizar las versiones que conocemos, aquí nos deberemos conformar con un resumen apresurado.

Una primera versión ve en el viaje a Alemania una salida de escena de De Gaulle, desanimado y desbordado, en busca del apoyo del ejército, que habría encontrado en la conversación con el general Massu que mandaba las tropas en Baden-Baden. Massu habría sido quien, al manifestarle que las fuerzas armadas estaban con él incondicionalmente, habría revertido el estado de ánimo de De Gaulle. El ayudante de campo del presidente, el almirante François Flohic, desmintió esa interpretación: De Gaulle no estuvo ese día ni hundido ni desconcertado. Sabía perfectamente qué quería hacer y lo hizo. La interpretación que ofrecía Flohic era que había ejecutado una maniobra de distracción que llevó a fijar en él de nuevo la mirada y a colocar ante una grave alternativa al país: o el caos o él: «la maniobra antisubversiva por excelencia, colocando sutilmente [al país] ante el vacío de su desaparición».

De esa raíz han nacido las versiones gaullistas que trazan una visión heroica de la maniobra en la que De Gaulle actuaría una vez más como maestro astuto y heroico de la acción política. Las diversas versiones han necesitado varias correcciones ya que los testimonios que iban apareciendo no terminaban de coincidir y exigían acomodar el relato a los nuevos datos. Hay, no obstante, algo claro en todos ellos: De Gaulle no estaba ni deprimido ni desconcertado, era plenamente consciente de lo que hacía y tenía un plan. Lo que no queda claro es en qué consistía el plan. El mayor problema es cómo justificar esa intención de provocar desconcierto o alarma, de poner ante el gran dilema al país, cuando en realidad los hechos fueron ocultados deliberadamente por el general.

El problema es cronológico. La noticia de que De Gaulle estaba en paradero desconocido llegó a la opinión pública cuando la radio, a las 17:34, dio la noticia de que no estaba —o no era seguro que estuviera— en Colombey. Menos de una hora más tarde, a las 18:23 anunciaron que había llegado con su mujer a su domicilio en el campo. Por tanto, es difícil pensar que hubo lugar para que la noticia se difundiera mucho, ni que creara una sensación de vacío que sacudiera los ánimos de los franceses y fuese causa de un cambio tan intenso. Así pues, la maniobra de desconcierto y de colocación frente al vacío habría podido tener por público destinatario los colaboradores inmediatos del general: el Gobierno de Francia. Sería a los políticos a quienes habría querido sacudir con su actitud, y especialmente al primer ministro Pompidou. En cuanto al recurso al ejército, las sucesivas versiones suavizan tal posibilidad hasta hacerla prácticamente irrelevante frente a la explicación del golpe de efecto o la niegan por completo, lo que resulta más compatible con la biografía de De Gaulle y con su idea de cómo deben actuar el poder civil y el militar. Además, hay muchos testimonios que acreditan que De Gaulle no tenía dudas sobre el grado de adhesión del ejército a las órdenes del Gobierno y del presidente de la República y, desde luego, si hubiera habido alguna duda, el contacto con Massu no habría sido el camino para resolverla.

Existe una versión diferente, y probablemente la más completa en cuanto a datos, de Henri-Christian Giraud, expuesta en su obra *L'accord secret de Baden-Baden* publicada en 2008. Giraud, periodista y escritor, se ha especializado en las relaciones entre De Gaulle y los comunistas, y es ese conocimiento el que le conduce a otra posible explicación. Gaullismo y comunismo eran, según él, dos soportes necesarios de la V República, los dos eran elementos esenciales de la política francesa. De Gaulle había acudido en busca de apoyo de la URSS muy pronto, en 1941, lo había obtenido y lo había reforzado en 1944. Su afán de mostrar independencia respecto a los Estados Unidos, según este autor, no sería más que una máscara de su preferencia por los rusos. Estos lo sabían, valoraban muy positivamente la postura del general francés y le correspondían con gestos de proximidad. La culminación habría sido su viaje a la URSS en 1966. Giraud entiende que existía un entendimiento táctico entre De Gaulle y Moscú que hacía que el general pudiera contar con la garantía de que los comunistas serían una oposición leal, que no promoverían la ruptura del sistema. A cambio, se consentía tácitamente su dominio del ámbito cultural francés y tener un partido y un sindicato que eran señores indiscutibles de la izquierda y gobernantes de barriadas enteras. Partiendo de ese esquema de comprensión de algunas grandes líneas de su política, los sucesos de Mayo del 68 habrían inquietado políticamente a De Gaulle cuando tuvo la impresión de que los comunistas podían haber cambiado de postura. Su miedo procedía de las dudas que tenía sobre cómo aceptaba la URSS su visión de la relación con el centro y el este de Europa (hemos mencionado el caso de Rumanía), en la que favorecía los criterios «independientes» de los distintos países del otro lado del telón de acero. Los sucesos de Checoslovaquia, que discurrieron en paralelo a la crisis de mayo francés y terminaron con una intervención militar soviética, fueron un elemento que confería consistencia a ese temor. De Gaulle no creía posible que los grupos anarquistas o izquierdistas radicales de estudiantes fueran a poner en peligro el sistema. Ni siquiera temió cuando se aproximaron a la izquierda no comunista, los sindicatos católicos, Mendès France o Mitterrand. Pero sí lo hizo cuando entendió que los comunistas habían cambiado de postura y estaban dispuestos a romper lo que Giraud considera un pacto no escrito, y eso sería lo sucedido a partir del 24 de mayo. Si había habido un cambio tan trascendente en las intenciones soviéticas, era necesario diseñar una respuesta totalmente diferente de la contemplada hasta entonces, porque se estaba ante una crisis que afectaba al núcleo del sistema. De todo esto, supone Giraud, uno de los secretos mejor guardados de la política del general, ni siquiera estaban al tanto explícitamente algunos de sus ministros: sería, siguiendo su tesis, un apartado que gestionaba él personalmente sirviéndose de los medios que entendía oportunos.

La tesis de Giraud no se apoya en documentación positiva y trabaja con muchas conjeturas, pero puede aceptarse en conjunto para comprender la inquietud política que generaban los sucesos de mayo y, sobre todo, para acercarse a su desenlace con una perspectiva nueva. No hace falta tomarla por buena en todos los detalles para contar con su aportación.

El viaje a Baden-Baden se explicaría como un medio para resolver la gran duda, al mismo tiempo que como la preparación de una respuesta abierta al abierto desafío planteado. Eso explicaría muy bien la frase con que comenzó su alocución radiofónica del 30 de mayo: «Francesas, franceses, siendo yo depositario de la legalidad nacional y republicana, he considerado en las últimas veinticuatro horas todas las posibilidades, sin excepción, que me permitirían mantenerla. He tomado mis decisiones». En efecto, De Gaulle pensaba desde el 24 y especialmente a partir del 29 de mayo, que tenía dos grandes opciones: o bien debía prepararse para un escenario totalmente nuevo, o bien podía confiar en una solución dentro del escenario que él mismo había levantado. En el primer caso, la situación sería muy difícil y exigiría empezar desde cero y quizá desde fuera de un poder arrancado de sus manos como consecuencia de la impericia de sus ministros y de su propia falta de agilidad para adelantarse a los acontecimientos, como él mismo reconocería. Pero para responder a esa pregunta, una clave fundamental era saber cuál era la postura de Moscú, ya que eso determinaría la del PCF y el tipo de desafío al que se enfrentaba. Una primera respuesta la tendría cuando terminara la manifestación del día 29: si terminaba en intento insurreccional y de toma del poder, en una toma del palacio del Elíseo, Francia se enfrentaba a un episodio más de violencias revolucionarias de signo político. Eso no ocurriría si Moscú no había dado su plácet al asalto del Estado. Pero, desde luego, si lo había dado, el problema exigía considerar «todas las posibilidades», desde la revolución hasta la invasión y el desplazamiento del telón de acero hacia el Oeste, con una guerra abierta en Europa, pasando por todas las situaciones intermedias. Ese era el interrogante que él necesitaba responder.

Su pregunta, supone Giraud, era suficientemente delicada como para que no pudiera ni formularse ni responderse por vía diplomática. Las informaciones que le llegaban de la embajada no dejaban ver apoyo a un movimiento insurreccional. Tampoco apuntaba en ese sentido el tenor de lo publicado en la prensa soviética. Pero eso no era seguridad suficiente, sobre todo a partir del 24 cuando se vio el cambio de orientación de la CGT que parecía trasladar el del PCF. De Gaulle necesitaba algo más, e intuyó o conoció que la respuesta le podía llegar por otro medio, todavía más comprometido. El 28 de mayo se produjo un hecho excepcional: la visita del comandante de las fuerzas soviéticas en Alemania oriental al puesto de mando de las francesas dirigidas por Massu en Baden-Baden. De Gaulle habría intuido que el mensaje que Moscú quisiera hacerle llegar no podía tener un sello más fiable que el del hombre que estaba al mando de las divisiones que tenían por misión invadir la RFA, y Francia, si fuera el caso. Esa sería la información que buscaba encontrar en Massu. Le urgía tener ese dato, pues su decisión dependía de dos grandes factores: la postura de Moscú y la del PCF. La información fundamental sobre lo segundo le llegaría con el final de la manifestación del 29, pero la relativa a la URSS decidió buscarla a través de Massu. De Gaulle se habría cuidado mucho de cubrir con un velo de engaño su maniobra para que pasara inadvertida y estar solo él al mando de la situación. Habría diseñado para eso un plan minucioso que ejecutó a partir del día 27.

El testimonio de uno de sus más próximos colaboradores, Alain Peyrefitte, refuerza esa tesis. Peyrefitte, ministro de Educación durante los sucesos de mayo, dimitió el 27 a petición de Pompidou, que quería nombrar un mediador que reparara el conflicto con la Sorbona cuando creía que los acuerdos con los sindicatos, conocidos como acuerdos de Grenelle, iban a funcionar. Tras su dimisión, De Gaulle concedió una audiencia a Peyrefitte para el día 29 a las 4 de la tarde. El 28, a través del secretario general de la Presidencia, le comunicó que su audiencia se posponía al fin de semana, y le hizo llegar una carta manuscrita en la que le reiteraba su amistad. Mientras todos los demás pensaron que De Gaulle está desorientado y sin recursos, Peyrefitte anotaba en su diario:

> Miércoles 29, por la tarde, cuando me entero de que el General ha desparecido y que su Primer ministro nada sabe de dónde ha ido, no dudo que esté siguiendo un guion establecido en sus menores detalles. Desde el martes por la tarde, había previsto «dar un golpe» que le mantendría ausente un día, quizá dos; retrasar el Consejo de ministros; no decir nada a nadie, ni a Pompidou ni a Tricot [secretario

general de la Presidencia]. Para mí es la señal de que De Gaulle ha tomado los mandos. No tengo ningún mérito en descifrarlo: yo tenía una clave que otros no tenían.

Peyreffite conocía bien a De Gaulle, como demuestra su voluminosa y valiosa obra acerca de él, y tenía el dato de su nueva cita para el fin de semana, que indicaba a las claras que el General sabía dónde estaría para entonces y que no vivía angustiado. En la misma línea, otro testigo recuerda haber visto el borrador de un discurso que De Gaulle preparaba (el del día 30) el día 29 a primera hora de la mañana, cuando acudió a visitarle por indicación suya para recibir instrucciones y encargos minuciosamente preparados. Nada de incertidumbre ni de pérdida del control, pues, en De Gaulle. Aunque se hubiera empeñado en varias entrevistas con miembros de su equipo en dar la impresión de que eso era, justamente, lo que le pasaba.

Podemos estar seguros de que tenía un plan minuciosamente planeado y cuidadosamente ocultado y enmascarado. Giraud concluye que si quería ver a Massu era porque él tenía una información que le interesaba. Una de las confirmaciones más explícitas, ajenas al ámbito francés, de que hubo un mensaje de Moscú respecto a la crisis francesa se encuentra en las *Memorias* del entonces ministro alemán de Exteriores, Willy Brandt: «El jefe de la misión soviética hizo saber al general Massu en Baden-Baden que Moscú consideraba con benevolencia la salvaguardia del régimen».

Como hemos señalado, el 28 de mayo una delegación soviética del más alto nivel militar, presidida por el mariscal Piotr Koshevói, visitó a Massu en Baden-Baden. Koshevói mandaba cinco ejércitos de cuatro divisiones cada uno, alrededor de 200.000 hombres, una marea imparable comparada con las dos divisiones francesas en la RFA que suponían unos 20.000. El soviético, como recoge Massu en sus memorias, conversó a placer con él, en primer lugar, de su desprecio por los alemanes (occidentales), responsables de la muerte de 27 millones de soviéticos, a los que veía cada vez peores, y de su decisión de aplastarlos ante la menor provocación. Llegó a afirmar que «el próximo teatro de guerra será Alemania Occidental». Francia no debía equivocarse de aliado en la próxima guerra, le advirtió. En la cena cambió de tono. La inició con un brindis «por la amistad franco-soviética» y por «el gran presidente Charles de Gaulle». Habló de los acontecimientos de París: «Koshevói se asombra, se indigna del comportamiento de los estudiantes. "¡Hay que aplastarlos, aplastarlos!", dice —en ruso, naturalmente— pero acompañando sus palabras de gestos que hacen inútil la traducción». Se despachó a gusto acerca de lo que él consideraba pura estupidez juvenil: considerar debido todo lo que se les daba sin agradecerlo, tomarse como un derecho todo lo que se había conquistado para ellos. Pasó luego a exaltar la amistad franco-soviética y lo excepcional del trato que De Gaulle había recibido en su visita a la URSS. Cuando llegó el momento de los cigarros tras la cena, Koshevói dijo a Massu que no tendría nada de raro que París le tomara prestados algunos regimientos de las divisiones destacadas en Baden-Baden. No debía preocuparse: los rusos harían como que no sabían nada del debilitamiento de la guarnición francesa en la RFA, fanfarroneó. Y volvió sobre la cuestión estudiantil: resolverla era asunto de los franceses, pero los soviéticos no comprendían que hubieran permitido que se la jugaran una pandilla de anarquistas: de haber sufrido ese desafío en Moscú, «los habríamos aplastado». Era difícil una mayor exhortación a la firmeza del gobierno frente a la revuelta.

Giraud supone que este mensaje es el que De Gaulle buscaba oír de Massu. Desde luego, no le preguntó por ello directamente: escenificó ante él un estado de ánimo cargado de preocupación y en extremo abatido… y le dejó hablar. Cuando conoció el contenido que le interesaba y pensó que la representación había sido satisfactoria, se levantó de pronto y anunció que volvía a Francia ante un asombrado y satisfecho Massu.

Aterrizado ya en La Boisserie, esperó la siguiente información. El testigo en este caso fue Flohic. Tras llamar a Pompidou para informarle de su llegada a Colombey, De Gaulle dio un largo paseo campestre con su mujer, tranquilo y apaciguado, hablando de flores y árboles. Contra su costumbre no se puso a trabajar al volver, sino que encendió el televisor para ver las noticias de las 8. Se le notaba impaciente, y tras ver el telediario se produjo un cambio de humor espectacular. Flohic no lo anota, pero Giraud señala que ese telediario dio cuenta de la disolución en la más absoluta tranquilidad de la gran manifestación organizada por la CGT. Era el dato que le faltaba por conocer. La discusión de cómo las consignas más radicales se suavizaron a las dos horas de comenzar la manifestación y por qué terminó disolviéndose en la más absoluta tranquilidad sin asomo de movimiento insurreccional, ha llevado a varias interpretaciones. Giraud está convencido de que la válida es la que pone en Moscú el origen de la orden de suavizar la protesta y respetar el orden republicano: hacía tiempo que el Kremlin había decidido someter a las autoridades del PCF a los imperativos de la política exterior soviética, en concreto, a no perjudicar en nada la política gaullista que beneficiaba la estrategia soviética de distensión Este-Oeste y de distanciamiento de Europa occidental de los Estados Unidos.

Gran parte de las acciones de De Gaulle en esos días habrían tenido por finalidad ocultar el objetivo esencial de su viaje a Baden-Baden. Ahí habría volcado su genio como líder capaz de llevar a efecto su designio y, al mismo tiempo, mantenerlo oculto. Para confirmar su hipótesis, Giraud aporta varios argumentos más, entre los que cabe subrayar los siguientes: la conformidad de Moscú y su entendimiento claro pero tácito le permitió cargar contra el comunismo en su discurso del día 30, sin que eso impidiera que los más conocidos representantes del gaullismo de izquierdas acudieran a una recepción en la embajada soviética al terminar la manifestación de apoyo a De Gaulle del día 30. La respuesta del PCF al discurso fue en la práctica extremadamente suave, aunque envuelta en retórica de denuncia. En el nuevo gobierno que se formó tras las elecciones de junio, con Maurice Couve de Mourville a la cabeza, el gaullismo de izquierda tomó el relevo, encarando reformas interiores, y marcando una política exterior dirigida en sus menores detalles por De Gaulle, todavía más favorable a las posturas soviéticas y más alejada de las norteamericanas. Cuando se produjo la intervención militar en Checoslovaquia el 21 de agosto de 1968, la reacción del Presidente fue acordar con el ministro de Exteriores, Michel Debré, que desaprobarían la acción y admitirían que podía significar diferir la distensión, pero no renunciar a ella. De Gaulle, siempre tan sensible a denunciar los atentados contra la libertad, tan celoso de la independencia de cada país, permaneció llamativamente callado, y fue el responsable último de que Debré acabara calificando la intervención soviética en Checoslovaquia de «incident de parcours», un contratiempo. La invasión de Checoslovaquia tuvo mayor efecto en el PCF, que se distanció de Moscú y abrió la puerta a un acuerdo político con la izquierda no comunista, que en la postura de la República Francesa en sus relaciones internacionales. Para Giraud, no cabe duda del intercambio de favores que se adivina aquí. La información y los indicios que aporta tienen un valor y una coherencia que los hace dignos de consideración para explicar unos hechos tan difíciles de desentrañar.

5. RAÍCES DE LA INCOMODIDAD
Y HERENCIA DE LA REVUELTA

La crisis política de mayo de 1968 prácticamente terminó ahí. En términos de ejercicio del
poder y de restablecimiento de la autoridad del
Estado, De Gaulle alcanzó sus objetivos; y los
estudiantes y sus aliados no consiguieron prácticamente nada. Todo habría terminado como
una tormenta de verano para volver de nuevo a la
situación de partida. En términos estrictamente
políticos puede que quepa ver las cosas así, pero
es claro que a medio plazo los datos históricos
apuntan en sentido contrario. La revolución de
mayo de 1968 triunfó y marcó la historia posterior como pocos sucesos lo han hecho. Para
entenderlo, conviene ampliar la mirada y ver el
conjunto del movimiento contracultural, recordar las raíces de las protestas de 1964 en Estados
Unidos y cómo fueron aceptadas con entusiasmo y difundidas con profusión por muy diferentes canales: académicos, comerciales, artísticos,
religiosos, jurídicos, legales, etc.

Es más, para entender la crisis que se vivió en 1968 y su legado, tendremos más luz si dirigimos la mirada todavía un poco más lejos, a lo que se había percibido ya como una grave crisis cultural occidental a comienzos de siglo y, todavía de forma más aguda, después de la Primera Guerra Mundial, en los años veinte, algo a lo que ya aludimos al citar los recuerdos de Stefan Zweig. Uno de los analistas más certeros de esa crisis fue Gilbert K. Chesterton, pensador de afilada mentalidad crítica, ingenioso ideador de alternativas, maestro de la paradoja y del enfoque humorístico de los problemas. En una conferencia pronunciada en 1927 en University of London, University College, con el título «La cultura y el peligro que viene», afirmaba:

Escucharán hablar incesantemente acerca del peligro del bolchevismo. Cuando digo el peligro venidero, probablemente un gran número de personas se imaginará que me refiero al bolchevismo. Estoy bastante de acuerdo en que el bolchevismo sería un peligro, pero no creo que vaya a venir. (...) Lo que quiero sugerir es algo que va a surgir por sí mismo, o que al menos puede hacerlo... supongo que el nombre más sencillo que lo define es «vulgaridad»... no sé si es prudente musitar la palabra "[Estados Unidos de] América" asociándola con la anterior; [Estados Unidos de América] es hoy con mucho el Estado más rico del mundo y el que ejerce una mayor influencia.

Hay que descubrirse ante la lucidez del análisis, que no era fortuito, y su validez cuando han transcurrido casi cien años desde que lo formuló. Chesterton conocía bien los EE.UU. donde había viajado para realizar giras de conferencias y donde era muy apreciado por el público, y conocía todavía mejor la esencia de la cultura europea, como demuestra su certera advertencia. El ejemplo de vulgaridad que el escritor británico trae a colación en la conferencia es también significativo, está tomado del mundo de la publicidad: el anuncio gigantesco en la medianera de una casa londinense ocupado por el rostro de una bella mujer con el lema: «Keep that schoolgirl complexion»: «Mantén ese cutis de colegiala». Lo que parece vulgar y un atentado contra la cultura a Chesterton es que alguien pueda reproducir a tamaño colosal el rostro hermoso de una mujer para convertirlo en un reclamo para las ventas. Es utilizar algo que nos es familiar y es valioso con una gran insensibilidad. En vez de amarlo y admirarlo, usarlo como si fuera una cosa. Eso sería para él una buena definición de ser vulgar, de falta de gusto, de alejamiento de la civilización.

Basta trasladar esto a las modas contraculturales, por ejemplo, en el cine, pero también en el arte, la literatura, la música, para entender la generalización y radicalización de la vulgaridad que se ha vivido y cómo, en efecto, ha tenido en buena parte como fuente los Estados Unidos de América. Desde una perspectiva de izquierda y cristiana, Terry Eagleton ha subrayado cómo esto significa una «cosificación» del feminismo y evidencia una transformación de la vida cotidiana en consumo.

La apreciación de Chesterton encaja muy bien en la comprensión de los fenómenos que estamos analizando. La utilización generalizada de la cultura, más todavía de la contracultura, en el mundo de la publicidad constituye un acto de manipulación de lo humano con los fines más vulgares que pueden imaginarse, y ese ha sido uno de los vectores de difusión de una mentalidad que atenta contra la cultura entendida en el sentido más puro y elevador, una forma de hacer la guerra a lo que Chesterton llama Cultura con ce mayúscula. Si lo prefieren, es el capitalismo en su peor versión, que veremos imponerse a lo largo de estas páginas.

Poco más tarde, otro agudo observador de su tiempo, José Ortega y Gasset, escribió en *La rebelión de las masas*, publicada en 1930:

El nuevo hecho social que aquí se analiza es este: la historia europea parece, por vez primera, entregada a la decisión del hombre vulgar como tal. O dicho en voz activa: el hombre vulgar, antes dirigido, ha resuelto gobernar el mundo. Esta resolución de adelantarse al primer plano social se ha producido en él, automáticamente, apenas llegó a madurar el nuevo tipo de hombre que él representa. Si atendiendo a los efectos de vida pública se estudia la estructura psicológica de este nuevo tipo de hombre-masa, se encuentra lo siguiente: 1º, una impresión nativa y radical de que la vida es fácil, sobrada, sin limitaciones trágicas; por tanto, cada individuo medio encuentra en sí una sensación de dominio y triunfo que, 2º, le invita a afirmarse a sí mismo tal cual es, a dar por bueno y completo su haber moral e intelectual. Este contentamiento consigo le lleva a cerrarse para toda instancia exterior, a no escuchar, a no poner en tela de juicio sus opiniones y a no contar con los demás. Su sensación íntima de dominio le incita constantemente a ejercer predominio. Actuará, pues, como si solo él y sus congéneres existieran en el mundo; por tanto, 3º, intervendrá en todo imponiendo su vulgar opinión, sin miramientos, contemplaciones, trámites ni reservas, es decir, según un régimen de «acción directa».

Este repertorio de facciones nos hizo pensar en ciertos modos deficientes de ser hombre, como el «niño mimado» y el primitivo rebelde; es decir, el bárbaro.

La psicología del hombre masa se caracterizaría, según el filósofo español, por una libre expansión de los deseos vitales y una radical ingratitud hacia cuanto ha hecho posible la facilidad de su existencia, lo que va como anillo al dedo a su psicología de niño mimado o de señorito, que no ve en la civilización una construcción tan sorprendente como frágil, sostenida con gran esfuerzo, sino que cree que su papel es exigir esas ventajas como debidas. En síntesis, disfruta la civilización sin importarle destruirla, no pone límites a sus deseos y no tiene experiencia de sus propios límites. De nuevo un diagnóstico de entreguerras parece que estuviera describiendo comportamientos triunfantes en la revuelta del 68 entendida en su sentido más amplio. Ese tipo humano nuevo, hombre masa en la terminología de Ortega, es el modelo aceptado en la revolución de las expectativas vivida en primer lugar en los EE.UU. y trasladada a Europa, es el arquetipo del habitante de la utopía capitalista del bienestar y del consumo. Volvamos a *La rebelión de las masas:*

Mi tesis es, pues, esta: la perfección misma con que el siglo XIX ha dado una organización a ciertos órdenes de la vida es origen de que las masas beneficiarias no la consideren como organización, sino como naturaleza. Así se explica y define el absurdo estado de ánimo que esas masas revelan: no les preocupa más que su bienestar y al mismo tiempo son insolidarias de las causas de ese bienestar. (…) En los motines que la escasez provoca suelen las masas populares buscar pan, y el medio que emplean suele ser destruir las panaderías. Esto puede servir como símbolo del comportamiento que en más vastas y sutiles proporciones usan las masas actuales frente a la civilización que las nutre.

En los motines del siglo XX no se pedía ya pan, sino libertad, justicia, sinceridad, igualdad… ¡lo imposible hecho realidad! Y se asaltaron las despensas de la civilización para destruirlas como modo de reivindicar su ideal. La equivocación de fondo es la misma que Ortega detectaba en los años treinta, solo que se ha subido el nivel tanto de la organización como de la reivindicación.

Vayamos con otro ejemplo también de los años treinta. Aldous Huxley advirtió agudamente los retos de la crisis del siglo XX, percatándose de lo que en sus días estaba en germen. En su novela *Brave New World, Un mundo feliz*, publicada en 1932, describió un mundo perfectamente organizado para atender a la satisfacción de placeres y necesidades y, sobre todo, para desterrar para siempre los problemas de las vidas de los hombres. En el «mundo feliz», sin problemas, hombres y mujeres se fabrican en laboratorios, el placer sexual está garantizado como un derecho y es presentado como tal a los niños desde los jardines de infancia. Todo está previsto, hasta el desasosiego y el tedio, que son tratados con alucinógenos cuidosamente diseñados. Trabajo y ocio se equilibran metódicamente, hay una religión de sustitución, el orden social es perfecto e inamovible, y solo los *alfa*, los humanos más elevados y con plena capacidad de decisión, pueden plantearse problemas acerca del sentido. Para ellos, cuando no consiguen solucionarlos, hay una isla refugio donde pueden vivir su tormento alejados del mundo feliz fabricado a una medida humana básica y sin complicaciones. El contrapunto al razonamiento que organiza lo humano como una sofisticada ganadería son textos del William Shakespeare, puestos en boca de un salvaje criado en una reserva donde habitan seres que todavía tienen madre. A mi juicio, el momento culminante de la novela llega cuando el salvaje cree encontrar a la mujer que lo dio a luz, a la que encuentra en un laboratorio de producción de embriones y a la que llama «madre» con toda la carga emotiva de la palabra. El hecho provoca una carcajada irrefrenable en todos los mundofelicianos que contemplan la escena. De nuevo, es sorprendente lo actual que resulta la visión de Huxley en nuestros días.

Pues bien, después de la Segunda Guerra Mundial, en 1946, Huxley escribió esto en un prólogo para la nueva edición de su obra:

Esta revolución realmente revolucionaria debe realizarse, no en el mundo exterior, sino en el alma y en la carne de los seres humanos. El marqués de Sade, que vivía en una época revolucionaria, utilizó con toda naturalidad esta teoría de las revoluciones para racionalizar su peculiar locura.

Robespierre había realizado la revolución más superficial, la política. Profundizando un poco más, Babeuf había intentado la revolución económica. Sade se consideraba el apóstol de la revolución verdaderamente revolucionaria, más allá de la política y la economía: la revolución de los hombres, las mujeres y los niños, cuyos cuerpos se convertirían en adelante en propiedad sexual común de todos y cuyas mentes serían purgadas de todas las decencias naturales, de todas las inhibiciones laboriosamente adquiridas por la civilización tradicional. Entre Sade y la revolución realmente revolucionaria no hay, por supuesto, ninguna conexión necesaria o inevitable. Sade era un lunático y el objetivo más o menos consciente de su revolución era el caos y la destrucción universales. La gente que gobierna el *Brave New World* puede no estar cuerda (en el sentido absoluto de la palabra), pero no son locos, y su objetivo no es la anarquía, sino la estabilidad social. Para lograr esa estabilidad llevan a cabo, por medios científicos, la definitiva, personal y realmente revolucionaria revolución.

No hace falta glosa para conectar el texto de Huxley con nuestro objeto de estudio. Lo que nos interesa recordar es que la pregunta de fondo acerca de la libertad y la falla social que se menciona y se detecta eran apreciables y estaban activas treinta o cincuenta años antes de que la revuelta del 68 las aireara como bandera de sus reivindicaciones.

La combinación de los tres análisis citados nos parece una buena base para comprender las profundas raíces de su éxito, la trascendencia de los sucesos de 1968 y el núcleo de su legado. Parece importante subrayar que el efecto de mayo de 1968, como el de todo el movimiento contracultural que recorrió occidente en los sesenta, tuvo más que ver con el cambio de los modos de vida que con la transformación de las estructuras o los modos políticos. Como Huxley intuyó, hacía falta encontrar una estructura que mantuviera la estabilidad en una sociedad en la que no hubiera más ley que el propio capricho y en la que la satisfacción inmediata de los placeres fuera el único horizonte vital. Si esa fuera la única ley, no habría forma de construir vida alguna en común. El individualismo anárquico no lo permitiría. Pero en nuestro mundo no tan feliz se podía conservar la estructura formal de la democracia, de los sistemas liberales y de toda la tradición política y la civilización anteriores, sustituyendo los criterios morales anteriores por los nuevos. De esta forma, el edificio podría sostenerse, aunque solo fuera conservando la estructura política tradicional como una cáscara vacía, como pura forma, una suerte de exoesqueleto sustentador de algo hueco.

Para ejemplificar lo que afirmamos en términos abstractos puede servirnos un repaso de la trayectoria de uno de los protagonistas de los sucesos de mayo desde sus inicios. En las memorias de Daniel Cohn-Bendit sobre los sucesos de mayo del 68, *Le Grand Bazar*, hay un elogio de la nueva libertad sexual que incluye descripciones explícitas de actos de pederastia presentados como una forma excitante y exaltada de relación con niños o niñas de cinco o seis años, algo que el protagonista volvió a expresar en algunas entrevistas y emisiones televisivas años más tarde. Esos hechos y algunos posteriores relacionados también con comportamientos pederastas fueron motivo de atención en la prensa francesa, británica, alemana e italiana años más tarde en 2001, cuando su protagonista volvía a tener notoriedad pública porque era un político bien asentado en el *establishment* dominante, eurodiputado por el partido de los verdes alemanes. Incluso en el seno de ese partido hubo quien preconizó su expulsión por ese pasado, que consideraban injustificable. En algún momento Cohn-Bendit pidió disculpas por aquellos actos que hoy serían considerados judicialmente perseguibles, pero los explicó y hasta los disculpó por el ambiente reinante.

Quien fuera prominente líder estudiantil de difícil catalogación para la policía y para los partidos de izquierdas franceses, evolucionó: militó y promovió movimientos anarquistas y maoístas, participó en la vida de grupos de protesta armados, tuvo contactos con grupos terroristas alemanes en los primeros setenta, se introdujo en el mundo del periodismo con una revista que publicaba textos izquierdistas y materiales pornográficos. Eso aumentó su prestigio, y terminó invitado a un desayuno con el presidente francés Valéry Giscard d'Estaing en 1978 para hablar de su visión del futuro social en la perspectiva del año 2000. Se había cumplido el décimo aniversario de la revolución. La derecha, o el centroderecha si se prefiere, mostraba su deseo de congraciarse con los revolucionarios del 68, se codeaba con gusto con ellos y les consultaba. Era solo el principio de un acercamiento que terminaría en identificación. En ese contexto, un Cohn-Bendit cada vez más adaptado a la política al uso abandonó el anarquismo a mediados de los ochenta, ingresó en el partido de los verdes alemanes en 1984. Uno de sus amigos, Joschka Fischer, entró en el Gobierno del *land* de Hesse en 1985 como ministro de Medio Ambiente y energía. Las perspectivas de la generación revolucionaria estaban cambiando. Fischer con el tiempo llegaría a vicecanciller y ministro de asuntos exteriores de la Alemania reunificada, entre 1998 y 2005. En 1986 el que fuera conocido como «Dany el rojo» marcó otro hito en su transformación cuando renunció públicamente a la vía revolucionaria con su libro *Nous l'avons tant aimé, la Révolution (La revolución y nosotros, que la quisimos tanto)*. A finales de los ochenta ocupó el cargo de teniente de alcalde en Fráncfort del Meno, en la RFA, dentro del partido Alianza 90/ Los Verdes. Obtuvo acta de eurodiputado por ese mismo grupo entre 1999 y 2014. En 2012 publicó un manifiesto por Europa especulando acerca de la crisis del euro y las dificultades que el aparato de la Unión debía afrontar y de cómo superarlas. Se había convertido en un escritor, un educador, y había trabajado en el mundo audiovisual. Era un hombre con relevancia política y social. El viejo sesentayochista obtuvo la nacionalidad francesa en 2015. Puede parecer que era él quien había cambiado, pero, como hemos apuntado, el poder mismo y el modo de ejercerlo también lo habían hecho. La democracia había sobrevivido, o eso parecía; la cáscara era la misma, el fruto era distinto. Todo esto podía describirse como un mero ejercicio de aclimatación, como hace Timothy Garton Ash: «Cuando remitieron las desmesuras brueghelianas del largo 1968, quienes no se habían convertido de manera irremediable en terroristas o yonquis pasaron a vivir el resto de su vida de una forma más convencional». Pero puede ser todavía más exacto el resumen de Cohn-Bendit: «[Los sesentayochistas] Hemos ganado desde el punto de vista cultural y social mientras, por suerte, perdíamos desde el punto de vista político». Hay que entenderlo bien cuando dice «perdimos»: no se hizo caso a lo que pedían, pero se les atrajo cerca del poder y se les terminó entregando.

6. TRANSFORMACIÓN
DE LOS MODOS DE VIDA

Puede ser útil volver a *La rebelión de las masas* de Ortega para recuperar perspectiva en la consideración de estos hechos y la crisis que manifiestan:

Mientras, en el pretérito, vivir significaba para el hombre medio encontrar en derredor dificultades, peligros, escaseces, limitaciones de destino y dependencia, el mundo nuevo aparece como un ámbito de posibilidades prácticamente ilimitadas, seguro, donde no se depende de nadie. En torno a esta impresión primaria y permanente se va a formar cada alma contemporánea, como en torno a la opuesta se formaron las antiguas. Porque esta impresión fundamental se convierte en voz interior que murmura sin cesar unas como palabras en lo más profundo de la persona y le insinúa tenazmente una definición de la vida que es, a la vez, un imperativo. Y si la impresión tradicional decía: «Vivir es sentirse limitado y, por lo mismo, tener que contar con lo que nos limita», la voz novísima grita: «Vivir es no encontrar limitación alguna; por tanto, abandonarse tranquilamente a sí mismo. Prácticamente nada es imposible, nada es peligroso y, en principio, nadie es superior a nadie».

Higinio Marín lo dice de forma muy elegante: la juventud triunfante en mayo del 68 es olímpica. Quieren vivir como los dioses del olimpo, sin restricción moral alguna, solo atentos al reclamo de su capricho y luchando por él con toda la intensidad de que son capaces. No hay nada más en su horizonte, del que se ha desterrado incluso la muerte. Por eso la herencia del 68 tuvo más que ver con la forma de vivir que con la política, y por eso su influencia política es más honda de lo que parece, porque llega a ser real a través de la transformación de los comportamientos personales. En ese sentido Cohn-Bendit merecería ser matizado: no perdieron políticamente, vivieron un triunfo político retardado.

El cambio en la manera de vivir que considero la gran herencia del sesentayochismo no se operó de repente. Venía de antes, como hemos visto en el caso norteamericano. Pero el arraigo de esta transformación experimentó con la revuelta del 68 una aceleración muy significativa. Ese nuevo ímpetu se apoyó fundamentalmente en la transformación de los hábitos y la consideración de lo sexual en la sociedad. Podríamos resumirlo diciendo que a partir de entonces la única norma moral aceptada por la nueva cultura sería la transgresión, especialmente en materia sexual. El hecho es que así fue experimentado en primer lugar por parte de los que vivieron el mayo del 68 parisino. Es un hecho generalizado que la idea de un comportamiento sexual lo menos limitado posible se presenta desde entonces como la base de una vida «digna y libre». No debe ponerse límite a los deseos. Esa podría ser, muy resumida, la idea de la revolución sexual que entonces triunfó y fue imponiendo sus criterios desde el poder en los años siguientes, como símbolo del estándar que debe regir en las sociedades de la abundancia. Piensen, por ejemplo, en películas que hayan visto, rodadas en los últimos cuarenta. Hagan memoria de un protagonista con ideales de mejora del mundo, de justicia, de liberación, uno de «los buenos», vaya. ¿Cuántos se caracterizaban, además, por procurar que su integridad personal y afectiva moderaran la forma en que daban curso a sus deseos? ¿Cuántos entendían el sexo como manifestación de un compromiso previo, expreso y pleno? Me temo que la lista será breve.

Tal estado de cosas no es producto de la casualidad. En 1972 se publicó en Inglaterra un libro titulado *La alegría del sexo* que inspiró su estructura en la de un libro de cocina norteamericano titulado *La alegría de cocinar*. Se ofrecían en él ideas sobre diversos platos, ingredientes, aperitivos o salsas. No tiene nada de extraño que en las comunas de la época se pusiera de moda el lema «El que se acuesta dos veces con la misma mujer ya forma parte del establishment». Como recuerda un joven que participó en los sucesos de Nanterre y que entonces militaba en el trotskismo: «Me sorprendió la cantidad de hombres que esgrimían la ideología revolucionaria para convencer a las chicas de que mantuvieran relaciones sexuales con ellos; les decían que, si se negaban, era por su mentalidad pequeñoburguesa». En la España de Franco, las cosas no fueron diferentes. Recuerdo las vívidas explicaciones que nos facilitó al respecto el profesor de Filosofía Francisco Fernández Buey, durante un congreso al que asistí en Zaragoza en noviembre de 1989 para tratar de la universidad española bajo el régimen de Franco. Según él, la revuelta estudiantil de los sesenta comenzó en España con las lecturas, mejor si eran colectivas y compartidas con las muchachas, de manuales de vida sexual que se difundieron en esos años como vanguardia de la transgresión. Solo se libraron de la moda los países del centro y el este de Europa que tenían un problema de libertad real diferente gracias a las autoridades comunistas.

Los jóvenes transgresores no estuvieron solos en la «heroica» tarea de derribar esos tabúes tan incómodos, sobre todo para los varones. La mentalidad materialista e individualista había encontrado un aliado en las facilidades encontradas para la contracepción femenina por métodos químicos. La píldora anticonceptiva, un hallazgo en buena medida fortuito de comienzos de los sesenta, llevaba camino de convertirse en la moda de la época y en el instrumento del gran cambio social de fin de siglo. En Francia la cuestión hizo acto de presencia pública en las elecciones presidenciales de 1965, las primeras dirimidas mediante sufragio universal. François Mitterrand, candidato socialista que había comenzado su andadura política en la derecha católica, introdujo la cuestión de los contraceptivos durante la campaña. La oposición de De Gaulle fue completa. Alain Peyrefitte anota esta conversación en noviembre de 1965 cuando trata de presionar a De Gaulle para que suavice su postura: «¿La píldora? ¡Nunca...! ¡Mi gobierno no aprobará nunca un proyecto de ley como ese! ¡No se puede reducir a la mujer a una máquina de hacer el amor! Va usted contra lo más precioso que tiene la mujer, la fecundidad. ¡Está hecha para tener niños! ¡Si se tolera la píldora, no se sostendrá ya nada! ¡El sexo lo invadirá todo! (...) ¡Introducir la píldora es preferir algunas satisfacciones inmediatas a los beneficios a largo plazo! ¡No vamos a sacrificar Francia a la carne!».

Un diputado gaullista, Lucien Neuwirth, estaba empeñado en cambiar las cosas en las filas de su grupo político y presionó una y otra vez por todos los medios sobre el presidente. Su insistencia en el proyecto de ley llegó a tal punto que sus compañeros de bancada llegaron a conocerlo como *Monsieur pilule*, el señor píldora. No estaba solo. En 1967 la presión sobre De Gaulle consiguió que se replanteara la cuestión. Como hacía en muchas ocasiones, especialmente con los asuntos que tenían que ver con la mujer o cuestiones sociales y familiares, De Gaulle pidió parecer a su mujer, Yvonne. Católica ferviente, tenía fama de criterio restrictivo en asuntos morales. Algunos se referían a ella como *la bigote*, la beata. La consulta se produjo y el resultado sorprendió a muchos: aconsejó a su marido ir adelante con el proyecto de ley. Parece que la idea vino tras la consulta a algunos religiosos de su confianza. En el mundo católico de la época, como en la sociedad en general, la cuestión era discutida. El papa Pablo VI había anunciado un pronunciamiento próximo sobre el asunto, pero algunos habían decidido ya manifestarse a favor de la licitud moral de la contracepción. El Gobierno presentó ante la Asamblea Nacional el proyecto de ley, que fue aprobado. De Gaulle se negó a financiar la píldora con fondos públicos. El caso ayuda a entender las variadas corrientes que confluyeron en estos cambios.

Un corolario importante de la peripecia legislativa que acabamos de mencionar es la situación religiosa, en concreto, del catolicismo en los años sesenta. Para la Iglesia católica fue una década de importancia decisiva de resultas de la celebración del Concilio Vaticano II (1962-1965). La asamblea debatió sobre todo acerca de la forma de presentar el mensaje cristiano al mundo de entonces. El intenso cambio de la vida material, ya impresionante en el siglo XIX y en creciente aceleración en el XX, parecía demandar una revisión del modo de enfocarlos y de hacer llegar a los distintos sectores sociales el mensaje evangélico. También aquí el dilema venía de atrás. A comienzos de siglo se había planteado en la Iglesia una discusión acerca de lo que se denominó en ámbitos eclesiásticos el americanismo o modernismo. Sí, también en la Iglesia católica, «América» era un país cada vez más influyente... Se podría resumir el dilema diciendo que algunos pensaban que, ante el avance de las mejoras científicas y técnicas, ante el éxito práctico de la modernidad, la Iglesia debía replantearse el rechazo de algunos de sus postulados que habían jalonado el siglo XIX. Había algo más. Algunos pensaban que el éxito de la mentalidad racionalista y de sus logros tecnocientíficos obligaba a la Iglesia a revisar su discurso para hacerlo plenamente racional. Todo lo que estuviera fuera de ese paradigma no podía ser justificado. La consecuencia fue un desplazamiento que tendía a minimizar y, a la larga, suprimir lo sobrenatural del horizonte religioso, una secularización de la fe. El mundo era el mundo, y punto. No había nada más, y la forma de entenderlo era la única que está a nuestra disposición, la razón. La tendencia, que se había generado y en buena medida aceptado en el mundo de la teología protestante en el siglo XIX, especialmente en Alemania, se filtró también en el mundo católico. A comienzos de siglo, la autoridad eclesiástica católica señaló los errores de ese americanismo o modernismo. Defendió la solidez de la fe como modo de conocimiento no incompatible pero sí diferente de la razón, basado en la revelación de Dios y la condición divina de Jesucristo. El americanismo o modernismo pareció limitar su expansión entre los católicos, pero como ocurrió con la crisis del siglo XX, en la posguerra se vería que no era así, y en los años sesenta, la cuestión estalló coincidiendo con el Concilio Vaticano II y en lo que se llamará el postconcilio.

En términos históricos el Concilio fue un acontecimiento doble, una asamblea de obispos católicos junto con expertos que actuaron como asesores, y un fenómeno mediático que convirtió la información religiosa sobre el mundo católico en un punto de atención de los medios de comunicación globales entonces emergentes. Prensa, radio y televisión querían novedades, informar sobre tendencias, enfrentamientos, luchas de poder. La consecuencia fue la traslación de las categorías políticas a la comprensión de la vida eclesiástica: había obispos y teólogos conservadores y progresistas. Los segundos estaban deseosos de cambios, y el cambio iba, precisamente, por la vía de un diálogo con el mundo que aceptara los presupuestos dominantes en él. De alguna manera la deriva modernista volvió a escena, de manera más práctica que especulativa y como impuesta, esta vez, por el triunfo del discurso dominante de los medios informativos, lo que tenía a su vez consecuencias importantes en las ideas que se difundían sobre la asamblea de obispos y en cómo se comprendía. El fenómeno tenía la ventaja de que hacía populares a los progresistas y les otorgaba un brillo mundano del que antes carecían. El buscado «diálogo con el mundo» parecía haberse conseguido plenamente.

Para el mundo católico, el efecto fue denso. Los cambios impulsados por el concilio, esencialmente pastorales, se aplicaron con frecuencia de modo precipitado, con comprensión simplificada de su finalidad, y llevaron a una crisis de vocaciones de enormes dimensiones. Un buen número de sacerdotes, religiosos y religiosas abandonaron su condición y se secularizaron. En el centro de las defecciones estaba el triunfo de un modo material de vida atractivo que incluía la dimensión sexual. Uno de los cambios preconizados por la vanguardia reformista iba precisamente en esa línea: el abandono de una visión del sexo que se consideraba equivocada y represora. Ni qué decir tiene que el cuestionamiento del celibato sacerdotal se abrió pronto camino como argumento.

La fuerza del impulso secularista y secularizador que soplaba en la Iglesia potenció otra vía de pretendida renovación: entender que el cristianismo debía empeñarse como fuerza social liberadora: levantar al pobre, liberar al oprimido, auxiliar al huérfano y a la viuda. Ese era el lenguaje de los profetas y de Jesucristo mismo, que debía ser interpretado en sentido literal como una llamada al compromiso con la justicia, con una justicia que debía realizarse aquí y ahora, ya en este mundo, es decir, con consecuencias políticas y sociales concretas. De esa forma el catolicismo se secularizaba y politizaba en un modo nuevo, en el que los nuevos clérigos se convertían en líderes revolucionarios. El ejemplo cubano bien podría servir de modelo para toda América Latina, un continente católico en el que la religión se convirtió muchas veces en la vía de penetración del marxismo, la ideología favorita de los proclamados sectores eclesiásticos progresistas.

Para el papa Pablo VI, 1968 fue un año especialmente difícil en su nada fácil pontificado. Era un hombre muy culto, vinculado desde el comienzo de sus tareas pastorales con los ambientes universitarios, con amigos entre los intelectuales de la izquierda francesa hacia los que sentía conocida inclinación. La prensa francesa podría decirse que adoraba a Pablo VI. Pero en 1968 esto cambió. El papa debía tomar una decisión acerca de la licitud moral de la contracepción y la regulación de la natalidad en el matrimonio cristiano. Su respuesta llegó con la encíclica *Humanae vitae*, publicada en julio de 1968. Pablo VI advertía los males que derivarían de la admisión de métodos contraceptivos distintos de los ritmos puramente naturales y desestimaba la contracepción como solución del asunto. La prensa francesa le retiró su favor. No faltaron clérigos, tampoco obispos, que disintieron de su resolución en privado y en público. Las consecuencias hacen que la lectura de *Humanae vitae* en la actualidad hagan evidente su carácter premonitorio, o profético si lo prefieren.

No es sorprendente el paralelo entre estas derivas y las que hemos visto para el mundo universitario y la sociedad en general. Lo sorprendente hubiera sido que la mundanización de la Iglesia no hubiera conducido a una mimetización cada vez más intensa con el mundo en que habitaba. Pero es importante considerar que esta transformación del catolicismo será la que impulse una secularización vertiginosa de países de tradición católica, como Holanda, Bélgica, Canadá, Francia, Irlanda, Italia y España. La contracepción fue el gran vector de difusión de esa mentalidad secularista.

Así pues, en el ambiente predominante en los sesenta triunfaba el naturalismo, los milagros debían esconderse pudorosamente o, al menos, reinterpretarse. Los únicos milagros tolerados eran los electrodomésticos milagro o el milagro económico de posguerra. Pero eso era demasiado prosaico para convertirlo en estandarte del cambio que se preconizaba. La religión debía prestar apoyo anímico y moral, preocupación por los necesitados, comprensión de un Jesús maravilloso y puramente humano... *Jesus Christ Superstar,* una ópera rock de Andrew Lloyd Webber estrenada en Broadway en 1970 y llevada al cine en 1973, fue un producto que resumió en buena parte lo que había tras esas nuevas tendencias religiosas. El protagonista es un Jesucristo *hippie* a la medida del momento, muy inspirador, rodeado de música excelente y pegadiza, y enmarcado en coreografías que empujan al éxtasis anímico. En muchos colegios llevados por religiosos en España, se puso de moda a mediados de los setenta proyectar la película a los alumnos como modo de presentarles una figura renovada de Jesucristo. Los que prefirieran una visión más combativa y heroica podían acogerse a la imagen de Ernesto Che Guevara, el argentino guerrillero y gobernante cubano ejecutado en Bolivia en 1967, cuya foto más popular, de Alberto Korda, tanto recuerda muchas imágenes sentimentales de Jesucristo. En definitiva, la religiosidad de consumo estaba servida. La publicidad se había hecho cargo del asunto religioso y sabía bien cómo venderlo. Irónicamente, la fotografía de Korda había sido tomada durante un funeral. La publicidad comercial también se hizo cargo de la política. Los efectos se irían sintiendo con creciente intensidad.

7. EFECTOS DEL SEXO
SIN RESPONSABILIDAD

Volvamos al sensible punto de la difusión de la contracepción como una de las claves del cambio en los modos de vida. La historia de la contracepción puede que sea tan antigua como la humanidad, y de hecho tenemos testimonios bíblicos al respecto que datan de hace muchos siglos. Para hablar de ella en nuestro tiempo, hay que referirse a la conocida relación inversa entre riqueza y número de hijos. El descenso de la natalidad ha sido un fenómeno característico de los países enriquecidos al modo industrial contemporáneo, hasta el punto de que los especialistas han tipificado el fenómeno como transición o modernización demográfica. La reducción de la natalidad comenzó a tener efectos sociales amplios en el entonces país más rico del mundo, el Reino Unido, a finales del siglo XIX. No ocurrió porque mejoraran los métodos anticonceptivos, sino por un cambio de mentalidad. La idea de que el sexo debía ser considerado separadamente de la reproducción, de que debía ser visto como un elemento de vitalidad, de salud, y un derecho de todos los adultos y no solo de los casados, había sido tratada por el radical inglés Richard Carlile en su libro *Every Woman's Book* de 1826. Carlile fue bien conocido pero tenido por un excéntrico, estridentemente anticristiano, entre otras cosas. Cincuenta años más tarde, en 1877, un norteamericano, Charles Knowlton, consiguió publicar en el Reino Unido una obra suya en defensa del control de la población, *Fruits of Philosophy: A Treatise on the Population Question*. El libelo se difundió profusamente. La razón de su éxito estuvo en que los editores fueron llevados a juicio por haberlo publicado, lo que le dio una enorme publicidad y disparó las ventas hasta más de 250.000 ejemplares en un solo año. Esa controversia convirtió lo que hasta entonces había sido un tabú, la anticoncepción, en conversación normal. El control de la natalidad y la limitación de la fertilidad comenzaron a ser tema abierto de conversación. La procreación, hasta entonces considerada indiscutiblemente positiva, empezó a ser tenida bajo sospecha. Los comportamientos comenzaron a cambiar. En los años veinte y treinta —de nuevo esos años—, el preservativo de látex era casi un símbolo del modo de vivir centroeuropeo, como se evoca en alguna novela, y era producido en masa en EE.UU. En los sesenta, de la mano de la química, llegó, como ya vimos, la píldora.

Ese cambio en las costumbres alcanzó el mundo del Derecho en los sesenta. Los cambios de la legislación en materia de costumbres y comportamientos sexuales tienen una impronta de pedagogía social de gran calado constatada de forma relevante en este caso. Los pioneros fueron, otra vez, los EE.UU., algo que no puede dejar de recordar el discurso de Chesterton sobre la cultura y el peligro venidero.

Nos interesan sus comienzos, el camino por el que la libertad sexual se fue elevando a la categoría de libertad fundamental que se convertirá en un bien jurídico protegido gracias a la invocación del derecho a la privacidad.

En EE.UU. el camino se inició con una sentencia del Tribunal Supremo que declaró inconstitucional en 1965 una ley del Estado de Connecticut que prohibía el uso de contraceptivos. El argumento fue que la prohibición era contraria al derecho constitucional a la privacidad de las parejas casadas. En 1972, otra sentencia del mismo alto tribunal declaró que vender anticonceptivos solo a las parejas casadas contravenía el principio de igualdad. Fueron dos pasos que hicieron avanzar con fuerza la causa del permisivismo sexual: la única norma en esta materia sería que cada uno haga lo que quiera. Esta tendencia se reforzó con la famosa sentencia del caso Roe v. Wade de 1973, en la que se despenalizó el aborto y se legitimó el sexo sin consecuencias o, si se prefiere, el sexo irresponsable. El efecto ejemplar que esta decisión tuvo para todo el mundo, especialmente el occidental, llega con fuerza hasta nuestros días. Era el comienzo de una pendiente cada vez más pronunciada. En otra sentencia del Supremo norteamericano de 1992 se leía lo siguiente: «En el corazón de la libertad se encuentra el derecho de cada uno a definir su propio concepto de la existencia, de significado, del universo y del misterio de la vida humana». Se la ha llamado con razón a esta afirmación la cláusula misteriosa, *mistery clause*, un razonamiento que deja a cualquiera indefenso frente al ejercicio de esa libertad individual omnímoda.

En definitiva, la jurisprudencia americana estableció que nadie tiene derecho a juzgar la conducta sexual ajena, y ese permisivismo fue apoyado y protegido por el Derecho en base a los principios constitucionales de privacidad e igualdad. Pero si el sexo es reconocido como un acto de decisión sin consecuencias, desligado totalmente de su efecto natural de unión afectiva y procreación, entonces las conductas sexuales pueden ser tantas como la imaginación alcance a concebir, es decir, casi infinitas. Es como un deporte. Con una pelota se puede hacer de todo: jugar a fútbol, tenis, balonmano o baloncesto, béisbol, *hockey*, ping pong, y un largo etcétera. Con el sexo irresponsable, otro tanto. Basta buscar en internet un catálogo de identidades sexuales para comprobarlo. Volviendo al terreno legal, en 2013 una sentencia del Tribunal del Distrito Federal reconoció el derecho a la poligamia.

Lo que todo esto ha tenido de imposición de una nueva moral desde el Estado y el Derecho se ha ido haciendo evidente cada vez para más personas. También lo que tiene de contradictorio. El primer choque ha sido, como cabía esperar, con la libertad religiosa, la más delicada y la piedra de toque de todos los sistemas para calibrar el grado de respeto a la libertad. Y, junto a ella, la libertad de expresión. Está prohibido manifestar desacuerdo con el comportamiento sexual de otras personas. Cualquiera que diga algo contra la opción sexual de otro podrá ser denunciado por un ataque a la libertad individual y correrá el riesgo de ser condenado. Si las convicciones de alguien dedicado a tareas sanitarias o asistenciales, quizá por razones religiosas, le llevaran a no practicar o facilitar abortos o a no dispensar ciertas sustancias o elementos anticonceptivos, la Administración procederá contra ellos. Así lo hizo la norteamericana en tiempos del presidente Barack Obama con algunos negocios o clínicas que fueron obligados a dispensar medios contraceptivos contra su criterio. Por esa vía una libertad, la religiosa, aunque se diga que no se elimina, se restringe cada vez más, encerrándola en el mundo de lo privado e impidiéndole toda relevancia pública, lo que, finalmente, equivale a eliminarla. El Estado adquiere así el poder de obligar a actuar en contra de la propia conciencia, fundamentada o no en principios religiosos, de un modo propio de estados totalitarios. La libertad personal de algunos resulta suprimida en nombre del ejercicio de la libertad de otros, que han conseguido poner de su parte la fuerza del Derecho al asumir sus nuevos preceptos morales. Durante cuarenta años, los norteamericanos habían vivido con el acuerdo de que todos tenían derecho a adquirir contraceptivos, pero no todos estaban obligados a financiarlos. En 2013 la reforma sanitaria de Obama les obligó a hacerlo. Se aducía para justificarlo el mencionado derecho a la intimidad y esa misteriosa decisión individual e inviolable, pero lo cierto es que el comportamiento sexual es algo que supera el ámbito de los hechos biológicos individuales, ya que afecta a la idea misma de qué es la persona y de cómo se comunica.

En el caso de la reforma sanitaria que mencionamos, dos empresas terminaron por llevar a los tribunales su causa. Hobby Lobby Stores era una de ellas. Con más de 15.000 empleados, la había fundado en 1970 una familia de fuertes convicciones religiosas que se reflejaban en múltiples manifestaciones externas en sus tiendas, también en que cierra sus establecimientos los domingos y por convicción social paga a sus empleados salarios más elevados que otros negocios semejantes. Los propietarios se han comprometido públicamente a invertir los beneficios en obras sociales. La empresa se negó a financiar a sus empleados la llamada píldora del día después. No declaró estar contra ella ni nada semejante. Pero debió ir a los tribunales porque la Administración pretendía que la libertad religiosa no protegía a una entidad con ánimo de lucro. En 2014 el Tribunal Supremo falló que no estaban obligados a hacerlo y que la orden del Departamento de Salud no podía obligarles a comportarse con criterios contrarios a sus creencias religiosas. La sentencia era importante, pero era también la señal de que existía una tendencia a restringir la libertad religiosa en EE.UU. Ha habido casos similares relativos a pasteleros o productores audiovisuales que se negaban a hacer tartas para bodas de personas del mismo sexo o realizar reportajes fotográficos de enlaces de ese tipo. En este caso el fallo del Tribunal Supremo de Nuevo México fue contrario a la empresa de reportajes, que fue condenada por violar la legislación vigente sobre derechos humanos. El Tribunal Supremo se negó a aceptar la apelación de la empresa.

En paralelo con esos cambios legales ha ido el debilitamiento del vínculo matrimonial. La legalización del divorcio se generalizó también en los países de Europa occidental. Los últimos en aprobarlo fueron los que tenían mayoría católica: Italia en 1970, con ratificación por referéndum en 1974, Portugal, para los católicos, en 1975, España en 1981, Irlanda en 1995 y Malta en 2011. Las tasas de divorcio en el mundo tienen una notable complejidad estadística dependiendo de si se refieren a divorcios por habitante o por mujer casada o por matrimonio contraído. En conjunto muestran a la cabeza las repúblicas de la antigua Unión Soviética y China, seguidas por los Estados Unidos, Australia, Canadá y los países de Europa occidental, con excepciones que sería largo detallar. Lo interesante en conjunto es la creciente debilidad de la institución matrimonial en los países más ricos de occidente.

Es interesante el planteamiento político de la cuestión familiar que surgió de las ideas del 68 y se implantó en algunos países como Suecia. Un documental del sueco Eric Gandini, *La teoría sueca del amor* (2015), la describe con bastante fidelidad: «En Suecia todo estaba bien, altos niveles de vida, progreso, pensamiento moderno. Luego llegó el momento de dar otro paso adelante para liberarnos de las estructuras familiares anticuadas que condicionaban la forma en que estábamos juntos, haciéndonos dependientes unos de otros», señala el narrador. La idea era promover una sociedad de individuos cada vez más independientes de los demás. La familia fue considerada el último y quizá más peligroso reducto de dependencia. Todo lo que favoreciera el individualismo frente a ella estaba bien visto y debía ser promovido. El resultado ha sido una sociedad en la que la soledad es una forma de sufrimiento ampliamente difundida y ha creado un desierto de falta de sentido en el que vagan muchos suecos. Al final del documental hay una breve entrevista con el pensador Zigmunt Bauman, que afirma: «La felicidad no viene de una vida sin problemas, sino de la superación de las dificultades. La independencia no es felicidad;

Al final, conduce a un aburrimiento completo, absoluto, inimaginable».

Es significativa la extraordinaria coincidencia entre el diseño de política familiar sueca de los setenta y la del modelo social imaginado por Huxley para *Un mundo feliz*. En esa novela, la finalidad política de los gobernantes era también crear un mundo sin problemas. La argumentación teórica funciona bastante bien, pero el lector inteligente intuye lo inhumano del planteamiento, aunque le duela. Cuando he leído y comentado la obra de Huxley con alumnos universitarios, ese ha sido el dictamen de los más agudos: no debemos pretender crear una sociedad sin problemas, es un absurdo, la felicidad humana no se puede encontrar por ese camino. Bauman coincide con ellos. En el mismo documental hay un cirujano sueco, Erik Erichsen, que cuenta cómo ha huido de su país para irse a vivir a una remota región de Etiopía donde atiende pacientes con los medios más rudimentarios. Le gusta la forma de vida de aquellas gentes porque no viven solos, porque comparten todo. Es como si el protagonista de *Un mundo feliz* hubiera huido a una reserva de salvajes en lugar de ser confinado en la isla de los *alfa* disidentes. Huxley no se atrevió a tanto. La realidad ha superado, otra vez, la ficción.

Pero, además de debilitar la institución familiar y generar un nuevo tipo de pobreza y marginación social, el cambio en las costumbres sexuales ha tenido otras consecuencias todavía más drásticas. Una mirada a las transformaciones legales relativas a cuestiones sexuales en Europa muestra la intensa influencia del modelo norteamericano, en especial desde 1968. La socióloga Gabriele Kubi pone el ejemplo de su país, Alemania, en su obra *La revolución sexual global:* en 1961 se autorizó la píldora para el control de la natalidad; en 1969 se legalizó el divorcio y se introdujo la educación sexual obligatoria en las escuelas; en 1973 se legalizó la pornografía; en 1976 se legalizó el aborto; en 1977 se autorizó el divorcio sin culpa. Fue la ola del 68, que marcó los años setenta. Luego, con los sesentayochistas ya en el poder, llegó su ampliación: en 1993 los abortos siguieron siendo «ilegales» despenalizados hasta la semana 14. El aborto de niños discapacitados fue ya posible hasta el parto. En 1994 se legalizaron las prácticas homosexuales; en 2001 adquirieron estatuto jurídico las uniones homosexuales; ese mismo año la prostitución fue reconocida como un servicio y como profesión cualificada a efectos de seguros sociales; en 2013 una sentencia del Tribunal Supremo germano igualó las deducciones fiscales para los matrimonios y las parejas del mismo sexo a partir de diez años de unión civil.

Una de las primeras consecuencias de la exaltación de la libertad individual propia de la revolución de las expectativas fue la idea de la satisfacción del deseo personal como modo de realización que demanda ser reconocido como un derecho. Una libertad autorreferencial de ese tipo conduce a una creciente falta de respeto por los otros que se ha resumido en la frase: «El deseo de algunos de poder hacer lo que les da la gana significa que pueden hacer con los demás lo que les dé la gana». Ese pretendido derecho a ver cumplidos los propios deseos debe pasar por encima de otros vínculos personales, como el que existe con el hijo engendrado o la fidelidad entre los cónyuges. De ahí derivarán las llamadas políticas del deseo que impulsan la admisión del aborto o el divorcio sin culpa como realidades que no pueden ser consideradas delitos, sino, al contrario, como derechos. Como señala Masferrer, «La concepción del aborto como derecho es el precio o la consecuencia de garantizar la posibilidad de gozar del placer sexual en cualquier momento y sin límite alguno (salvo en los supuestos de abusos y agresión, pues ahí la relación sexual tiene lugar sin o contra el deseo de la víctima). El aborto es la muestra más clara de la primacía del deseo sobre el sentido de la mesura y de la responsabilidad. Desde esa perspectiva, el aborto no se concibe ya como un mal menor, sino como una condición necesaria para una supuesta "realización" personal».

Hasta los años setenta, el aborto solo era legal en algunos países comunistas (URSS, Hungría, Cuba, Corea del Norte). La ola del 68 provocó que los estados de Derecho comenzaran a desfondarse ante la cuestión, que se presentó paulatinamente como un medio anticonceptivo más. Como la ha resumido Alejandro Navas en *Hablemos del aborto*, se pasó de un rechazo horrorizado al aborto a un rechazo sin horror, luego a la despenalización para algunos supuestos excepcionales, de ahí a la legalización de un derecho, se llegó por ese camino a la aceptación social y se terminó planteando la posible imposición obligatoria. Francia ha querido establecerla constitucionalmente en 2024. Por señalar algunas fechas, en 1973 se legalizó en EE.UU., Dinamarca y Túnez. Suecia lo legalizó en 1974, Francia y Austria en 1975, Yugoslavia en 1977, Italia en 1978, Noruega en 1979, Países Bajos en 1984, Checoslovaquia y Grecia en 1986, Alemania en 1992, Albania en 1995, Suiza en 2002, Portugal en 2007 y España en 2010 (estaba despenalizado para tres supuestos desde 1985). De Gaulle había hablado de una cultura de la muerte para referirse a lo que asomaba en el horizonte cultural en los sesenta, en concreto, referido a este tema. El papa Juan Pablo II utilizó la misma expresión para describir lo que ya era una realidad a finales de siglo. Era una contradicción inherente a la revolución que había desterrado la muerte del horizonte vital de las mujeres y los hombres perpetuamente jóvenes. Esa sociedad del deseo trataba con desprecio las vidas de los no nacidos no deseados, y pronto haría lo mismo con las de los enfermos o ancianos. Pensándolo bien, quizá no era una contradicción. No era una cultura que amara la vida, sino la exaltación de un cierto momento de la vida: el de máxima independencia, al menos aparente.

8. LAS NUEVAS POLÍTICAS

Me interesa subrayar cómo esta línea de cambio ha sido la que ha tenido más influencia para la posteridad, para los años que vivimos ahora. Los cambios en los modos de vida modelaron poco a poco la vida social y, con ello, una nueva política, aunque las formas institucionales parecieran pervivir. La sociedad que nace de gentes cada vez más individualistas no soporta la familia, quizá ni siquiera la entiende, y genera un mundo de incomunicación creciente por más que las comodidades y los placeres sean crecientes. Si el sexo deja de ser un instrumento de comunicación íntima e interpersonal, una manifestación de afecto, de amor y, por eso, de compromiso, si se convierte en una suerte de juguete para acceder a placeres efímeros, algo profundo se rompe en la persona. Su capacidad de darse queda herida de muerte, la capacidad de recibir, también. En realidad, toda trascendencia de lo individual está casi muerta o, al menos, gravemente herida. Puede que ya no sea posible salir del propio yo. Es muy dudoso que con gentes así se pueda construir una comunidad. Casi con seguridad no podrá pasar de un agregado de individuos, como comprendió sagazmente Antoine de Saint-Exupéry en *Piloto de guerra*. Disgregación y muerte social.

Que esto generó una mutación política lo tenemos atestiguado en observadores bien atentos de nuestras sociedades. El primero que podemos mencionar es Christopher Lasch, un historiador y sociólogo norteamericano que supo diagnosticar con gran certeza los nuevos problemas de la sociedad norteamericana nacida de la revolución de las expectativas. En 1977 publicó *Haven in a Heartless World: The Family Besieged*, aparecido en español como *Refugio en un mundo despiadado: reflexión sobre la familia contemporánea*. En 1979, *The Culture of Narcissism: American Life in an Age of Diminishing Expectations*, traducido como *La cultura del narcisismo*. Dejando a un lado la intensa carga freudiana de sus razonamientos, sus obras permiten comprender las consecuencias sociales más intensas del cambio de los setenta. El predominio de sujetos preocupados primordialmente por su bienestar, en concreto, por sus sensaciones de bienestar, empuja culturalmente a un paradigma diferente, desconectado de la historia. Durante generaciones, las mujeres y los hombres habían vivido conscientes de que de su sacrificio dependía la supervivencia no solo propia, sino, sobre todo, de sus descendientes, de sus próximos, sus conciudadanos de hoy y de mañana. Esa capacidad de entrega constituía el cemento que unía las distintas personas y generaciones, dotaba de un sentido la propia vida que trascendía el propio tiempo, le daba un sentido histórico. El nuevo hombre tiene una mirada narcisista. Del mundo le interesa cómo le apoya y cómo le hace sentirse. Esa es la pregunta fundamental del narcisista: ¿cómo me siento? Lo demás es marginal. Esta manera de ver las cosas le encapsula en su propia existencia, condiciona sus relaciones y en cierto modo tiende a apagarlas o anularlas. Habíamos visto cómo Ortega señalaba en los años veinte algo similar escribiendo sobre el hombre masa. Ahora la cuestión había ido algo más lejos, como apuntaba Lasch en su último libro, publicado póstumamente en 1995: *The Revolt of the Elites: And the Betrayal of Democracy*, traducido como *La rebelión de las élites y la traición a la democracia*. En él, citando a Ortega, sostiene que las características que el español había señalado como propias del hombre masa eran las que definían a comienzos de los noventa a los niveles superiores de la sociedad, a sus élites, todavía más que a la mujer o al hombre común de las capas menos favorecidas. De la rebelión de las masas habíamos pasado con el triunfo de la contracultura de los sesenta a la de las élites. Lasch fue un defensor de la familia como solución al nuevo problema social que enfrentaban los EE.UU., que él consideraba de extrema gravedad. Algunos sectores del partido Republicano se hicieron eco de sus demandas, pero en los años de presidencia de Ronald Reagan, Lasch se manifestó muy defraudado por las medidas que se adoptaron que, en su opinión, eran radicalmente insuficientes. Parecía que solo se sabía encarar el asunto desde el punto de vista económico cuando el problema era radicalmente cultural. El desafío de los modos de vida seguía estando en la raíz y envenenando el sistema.

No obstante, no todo fue contagio por imitación de los modos de vida. Hubo también publicidad e impulso institucional promovido desde los Estados Unidos, un decidido trabajo de intervención en la vida privada de ciudadanos de otros países. Así lo revela, por ejemplo, el *National Security Study Memorandum 200: Implications of Worldwide Population Growth for U.S. Security and Overseas Interests* (Estudio Memorándum de Seguridad Nacional 200: implicaciones del crecimiento de la población en el mundo para la seguridad de los EE.UU. y sus intereses de ultramar, abreviadamente NSSM 200), conocido como «Informe Kissinger», por ser este conocido profesor y político quien presidiera el Consejo de Seguridad Nacional de los EE.UU. cuando se elaboró el documento en 1974. En él se concluye que el crecimiento de población en países menos desarrollados es un peligro para los EE.UU. y propone la puesta en marcha y financiación de un programa de control demográfico. Detalla los países que constituyen la principal amenaza (India, Bangladesh, Pakistán, Nigeria, México, Indonesia, Brasil, Filipinas, Tailandia, Egipto, Turquía, Etiopía y Colombia), y también los medios para conseguir ese control. Primero de todo, el feminismo, cambiar la idea del papel de las mujeres en esas sociedades y distanciarlas de la maternidad; segundo, promover políticas familiares que difundan la mentalidad de que un máximo de dos hijos es lo razonable; tercero, impulsar en los medios de comunicación la difusión de estos mensajes; cuarto: programas que cambien la mentalidad de niños y jóvenes hacia el antinatalismo, y algunas más. Estaba claro lo que el informe consideraba más urgente:

(...) los gastos en servicios de planificación familiar efectiva son generalmente una de las inversiones de mejor relación costo/beneficio para un país de bajo nivel de desarrollo que busca mejorar el bienestar general y el crecimiento económico *per cápita*. No podemos esperar la modernización y desarrollo global para que se produzcan naturalmente tasas de fertilidad más bajas, porque esto llevará indudablemente muchas décadas en la mayoría de los países en desarrollo, durante las cuales el crecimiento poblacional rápido tenderá a retardar el desarrollo y ampliar la brecha entre ricos y pobres.

Es decir, por razones compasivas, era preciso disminuir el número de hijos de los pobres. Por esta vía, la diplomacia norteamericana, usualmente vía *soft diplomacy*, pero también trabajando en organismos de la ONU y en conferencias internacionales sobre población, se empeñó en dar categoría de derecho al aborto, la anticoncepción y la esterilización dando por sentado el poder del Estado para decidir en lo que otros consideraban un ámbito de libertad individual.

Para terminar este capítulo, conviene abordar otra cuestión relacionada con las ideas políticas. Nuestra referencia será Toni Judt, un historiador de tradición judía, de convicciones políticas socialdemócratas declaradas y firmes, laico de mentalidad y estudioso de la izquierda. Nos ha dejado en sus obras de síntesis una interesante interpretación del mundo de posguerra, aunque con un tinte demasiado economicista para mi gusto. Pero la agudeza de su observación es indudable. La última obra que publicó en vida vio la luz en 2010 y tuvo un título significativo: *Ill Fares the Land*, traducido como *Algo va mal*. Para nuestro propósito, el libro tiene particular interés porque contiene una reflexión sobre los logros y limitaciones de Europa y los Estados Unidos después de la Segunda Guerra Mundial. Su tesis podría resumirse en que los logros de posguerra fueron conquistas debidas al triunfo de la idea socialdemócrata, que él caracteriza como un intento de lograr justicia social y de conquistar un bien común lo más amplio y compartido posible. Ese espíritu solidario y justo, sin embargo, entró en crisis después del 68:

> (...) la nueva izquierda se presentaba conscientemente como oposición no solo a las injusticias del orden capitalista, sino sobre todo a la «tolerancia represiva» de sus formas más avanzadas (...).

La justicia social ya no preocupaba a los radicales. Lo que unió a la generación de la década de 1960 no fue el interés de todos, sino las necesidades y los derechos de cada uno. El «individualismo» —la afirmación del derecho de cada persona a la máxima libertad individual y a expresar sin cortapisas sus deseos autónomos, así como a que estos sean respetados e institucionalizados por la sociedad en su conjunto— se convirtió en la consigna izquierdista del momento.

Así, la política de los sesenta desembocó en un agregado de reivindicaciones individuales a la sociedad y al Estado. La «identidad» empezó a colonizar el discurso público: la identidad individual, la identidad sexual, la identidad cultural. Desde ahí solo mediaba un pequeño paso para la fragmentación de la política radical y su metamorfosis en multiculturalismo (...).

(...) El consenso implícito de las décadas de la posguerra se había roto y estaba empezando a surgir un nuevo consenso, decididamente antinatural, en torno a la primacía de los intereses individuales. Los jóvenes radicales nunca habrían descrito sus fines de esa manera, pero fue la distinción entre las valiosas libertades individuales y los irritantes constreñimientos públicos lo que más tocaba sus emociones.

La extensa cita me pareció que valía la pena porque recoge desde una perspectiva izquierdista, socialista, la mutación del socialismo que se experimentó en esos años y que se convirtió en el *mainstream*, la corriente dominante en occidente, empapando también en buena medida los sectores llamados conservadores. La razón, me permito insistir, estriba en que lo que se estaba transformando no eran solo las ideas, ni siquiera las ideologías, sino la manera de vivir, que hacía cambiar las ideas y que luego algunos convertían en ideología. Soberbia paradoja que el triunfo del socialismo tuviera forma de individualismo radical. A Chesterton le hubiera encantado. Además, tenía la ventaja de que la moda había llegado de «América», de los Estados Unidos.

Judt afirma también: «Pero el individualismo de la nueva izquierda no respetaba ni los fines colectivos ni la autoridad tradicional: después de todo, era tanto nueva como izquierda». En efecto, la denuncia de la autoridad como un mal, recordemos la placa conmemorativa de Berkeley, fue otro elemento principal de la herencia vital del 68. Eso sí era izquierdista, aunque solo en los países sin socialismo de Estado. Que se lo pregunten, si no, al mariscal Koshevói. Ironías aparte, la autoridad salió muy desprestigiada de la revuelta estudiantil. Nunca faltan argumentos para desprestigiar a la autoridad. *Errare humanum est*, todo hombre se equivoca, y en este mundo todas las autoridades son humanas. La cuestión es otra: la idea misma de reconocer a otro la potestad de dar órdenes, de organizar, de enseñar, de aconsejar incluso, quedó en entredicho. En 1979, el grupo Pink Floyd publicó el disco *The Wall* que incluía la magnífica canción «Another Brick in the Wall», una protesta contra la autoridad y la educación: «*We don't need no education / We don't need no thought control / No dark sarcasm in the classroom / Teacher, leave them kids alone*», No necesitamos educación / No necesitamos control del pensamiento / Nada de oscuro sarcasmo en clase / Eh, profesor, deje a los niños en paz. Seguramente la protesta contra las normas de ciertos internados británicos era más que razonable, pero la cuestión fue más lejos: la idea misma de escuela, uno de los grandes hallazgos de los griegos que está en la base de nuestra cultura, entró en crisis. Los pedagogos sesentayochistas inventarían técnicas para justificar su trabajo sin desmentir el postulado individualista de partida. La crisis de autoridad llegó a las escuelas y también a las familias, donde la autoridad de los padres se debilitó sustancialmente. Especialmente la de los padres, la de las madres aguantó un poco más gracias a que las mujeres manejan mucho mejor el mundo de las sensaciones, los sentimientos y la capacidad de conducir a los demás como por inducción y sin expresarlo formalmente. Llegó también al mundo religioso, donde la noción misma de obediencia se quebró. En general, todo lo que no fuera obedecer al propio dictado podía ser considerado un acto de sumisión indeseable, una claudicación.

Con esto se estaba demoliendo otro pilar de la historicidad humana: la tradición. El sesentayochismo como culminación de la modernidad, de la Ilustración, era adanista. Todo lo anterior era considerado error, carga y engaño, o altamente sospechoso de serlo. La generación cima de la historia debía rehacerla de nuevo y, por tanto, olvidar la tradición, liberarse de la herencia recibida. No se veía ese legado como una riqueza, sino como una limitación. Un dicho, bastante escéptico y acertado, reza que donde no hay tradición hay imitación. Dicho de otra manera, ser original, y más en materia de pensamiento, es muy difícil. La validez de la sentencia se puede constatar bien en estos años. Los Beatles vivieron una experiencia transformadora en la India. Habían dejado de lado el cristianismo tradicional de su país para descubrir el de los brahmanes. Una ola de espiritualismo oriental aromatizado con exotismo recorrió occidente. La fiebre por la innovación subió algunos grados. Era el triunfo de otro fenómeno de comienzos del siglo xx revitalizado con fuerza: una nueva explosión de vanguardias, o un afloramiento de esa corriente de rupturas vanguardistas que no habían dejado de habitar occidente desde entonces. Pero esta vez las vanguardias no colonizarían movimientos alternativos como el comunismo soviético o el fascismo, como había sucedido en los treinta, esta vez empaparían la democracia desde dentro con una eficacia hasta entonces desconocida.

El torbellino de novedades ha sido impresionante, pero al mismo tiempo se ha producido un movimiento de recuperación de las tradiciones cuando la búsqueda de la identidad ha requerido manifestar lo propio como opuesto a lo globalizado. En este punto, los movimientos pueden ser y son de hecho a veces de ida y vuelta, y hay tradiciones que se han perdido solo para ser recuperadas años más tarde. Lo más llamativo es que esto se haga en nombre de la política con relativa frecuencia, y ahí es donde el asunto conecta con los movimientos de denuncia del mal en el pasado que nos ocuparán más adelante.

Nos interesa señalar otra vertiente del mecanismo de intensificación de la politización que ayudó a que la transformación de lo vital terminara por deshacer y reformular la política. La nueva izquierda anarco-individualista, al aislar al individuo sin que este renunciara a la política, forzó la conversión en político de todo lo que se hace individualmente, por pequeño que sea. Uno de los efectos más llamativos fue justamente la politización del sexo. La idea del amor libre, propuesta por algunos fanáticos en tiempos modernos, recordemos a Sade, no había sido aceptada socialmente. La revolución soviética fue la primera en hacerlo oficial, pero solo en sus comienzos. Los efectos desastrosos rápidamente perceptibles llevaron a suprimir en la URSS esa deriva. En occidente la revolución del 68 lo llevó a efecto, pero no decretó de entrada su oficialización. De ahí fue sencillo pasar a plantearse la destrucción de la familia, apoyándose en algunas teorías de raíz probablemente freudiana que equivalen a sostener que sin libertad sexual es imposible desterrar la opresión. Recordemos el caso sueco. Herbert Marcuse, uno de los intelectuales de moda en el mayo del 68 francés, unió esto a la política y enlazó las tesis marxistas con las de la liberación sexual. Esto ocurrió al mismo tiempo que culminaba la carrera consumista en Occidente, lo que había conducido a la idea de que todo deseo no satisfecho inmediatamente era producto de una limitación injusta. En el momento en que esto se aplicó al sexo, se echó gasolina al fuego.

El efecto cultural fue la deformación de la idea tradicional de búsqueda de la felicidad para cambiarla en búsqueda del placer. Ahora bien, eso es tanto como renunciar al sentido, porque el placer es por definición momentáneo, transitorio, y la felicidad demanda continuidad, pervivencia en el tiempo, toda una vida, hasta llegar a la culminación del arco vital con la clave del sentido que solo es perceptible, que solo encaja, como la clave de un arco, cuando es su última piedra, cuando lo termina. Si se pierde el sentido de continuidad del yo, no puede haberlo para la vida. Y también se quiebra el sentido de comunidad. A partir de ahí el sexo invade lo público, y termina por empapar la política dominante, que se dedica a definir grupos que deben alcanzar nuevas libertades. El resultado no es muy alentador, más bien es deprimente, como puede verse en la literatura actual y el mundo que refleja, mucho más triste que el anterior y, si no cambia, cada vez más duro.

9. LO *WOKE* Y LA CANCELACIÓN

En una obra escrita en 1969, un catedrático de las universidades de Estrasburgo en Francia y Laval en Canadá, Georges Gusdorf, denunció la resignación de padres y profesores ante la revuelta. Su pasividad, argumentaba, les convertía en responsables de lo ocurrido, que era, según él, una perturbación adolescente. La justificación de la revuelta estudiantil habría que buscarla, sigue Gusdorf, en el desorden ontológico de la cultura contemporánea, en la pérdida del sentido de los valores que está llevando al hombre moderno a una frenética huida hacia delante. En el frenesí de la crisis de mayo de 1968, se podría detectar una especie de exaltación escatológica, esta vez en sentido ultraterreno: el elemento religioso del ser humano, reprimido por la descristianización, habría resurgido bajo formas salvajes, aberrantes, incluso caricaturescas, en la iluminación de una suerte de Pentecostés en el que falta el Espíritu Santo. La situación de la Universidad tras la revuelta del 68 sería semejante a un barco lleno de borrachos. Completamente desamparado, con la tripulación amotinada, nadie manda en él ni tampoco obedece nadie. Se ha entrado en una dimensión infernal, sin sentido, en el que las verdades se han transmutado en locura.

Pero el hundimiento de la Universidad, seguía Gusdorf, no sería una catástrofe como las demás. La Universidad es uno de los lugares privilegiados donde se desarrolla y transmite la cultura. Una sociedad no puede perder el interés por sus universidades y considerar sus vicisitudes como trifulcas intelectuales de escasa importancia para el conjunto de la vida nacional. Lo que está en juego, paso a paso, es la salud mental de todos y cada uno de nosotros. Más que eso, es la cuestión de si queremos que nuestro mundo tenga sentido, es decir, si queremos que el mundo de los hombres sea un mundo humano.

La metáfora y el diagnóstico de este epistemólogo francés seguramente parecieron exagerados en su tiempo, cosas de reaccionarios, dirían algunos, pero se han confirmado como muy acertadas a la vista de lo sucedido en los cincuenta años siguientes. A la altura de 2010, en algunos lugares antes, en otros después, emergió con fuerza lo que se ha venido a llamar el movimiento *woke* o de la cancelación. Dos autores, Jean-François Braunstein, catedrático de Filosofía en La Sorbona, y Enrique Rubio, un escritor español, han coincidido a finales de 2023 en publicar dos libros en cuyo título se llama a lo *woke* «religión». En síntesis, puede decirse que consiste en denunciar como improcedentes y no tolerables los comportamientos que supongan un desprecio o humillación de minorías marginalizadas. Pueden ser las mujeres, los homosexuales, los nativos americanos, los transexuales, los emigrantes, los palestinos, los afroamericanos, los musulmanes europeos, los obesos, los zamoranos y muchos otros por descubrir. Serían todos aquellos que los arrogantes triunfadores del pasado han pretendido arrojar a la papelera de la historia. Hay que despertar —*wake up*— ante semejante injusticia consentida, hay que desenmascarar a los perpetuos abusadores, hay que reescribir la historia para bajar del pedestal a los falsos héroes que no fueron más que propagadores de opresión. Literalmente, hay que derribar sus estatuas, quemar sus libros, desterrar sus imágenes, acallar su discurso... hay que cancelarlos. El resultado del éxito de estos postulados ha sido una creciente dificultad para que en los campus universitarios, sobre todo en EE.UU., pero también en Europa, se debata acerca de cuestiones controvertidas: si hay controversia, se detiene el debate en el momento en que un sector se da por ofendido, y se cancela al «agresor». Alguien podría preguntarse cómo hemos llegado a esto partiendo, justamente, del *Free Speech Movement*. Buena pregunta.

Para responderla nos viene bien un retorno a ese punto de partida. En 2014, con motivo del quincuagésimo aniversario de los sucesos de Berkeley y el nacimiento del *Free Speech Movement*, uno de sus pioneros, Sol Stern, escribió un artículo en la revista *City-Journal* del Manhattan Institute. El título anticipa su contenido: «The Free Speech Movement at 50. The movement won; free speech lost»: Cincuenta años del Movimiento por la Libertad de Expresión. El movimiento triunfó, la libertad de expresión salió derrotada. Stern recuerda cómo dejó en los sesenta la escuela de posgrado para trabajar como periodista en la revista *Ramparts*. En los años siguientes, escribió sobre muchas de las erupciones estudiantiles radicales de los sesenta: la marcha sobre el Pentágono, la campaña presidencial de Eugene McCarthy en 1968, los disturbios en la Convención Demócrata de Chicago, los encuentros entre el movimiento antiguerra y el Vietcong. Estaba convencido, como muchos de sus compañeros y coetáneos, de que la rebelión de Berkeley había sido el acontecimiento fundacional de los años sesenta radicales y contraculturales. El comienzo de un tiempo nuevo y mejor.

Con los años, Stern empezó a pensar que en realidad era paradójico que él y sus compañeros de protesta fueran defensores de algunos de los regímenes más opresivos del mundo en nombre de la lucha por la libertad en su país, uno de los más libres. Acabó por desencantarse cuando conoció lo que en realidad escondían los movimientos socialistas radicales y la nueva izquierda. Comenzó a mirar con asombro creciente lo que sostenían antiguos compañeros que ejercían como catedráticos en las universidades norteamericanas. En su artículo de 2014 repara en un caso concreto: el de Bettina Aptheker. Estudiante en Berkeley en 1964, militante en el partido comunista y, como él, una de las primeras integrantes del FSM. En 2014 era catedrática de estudios feministas en el campus de Santa Cruz de la Universidad de California. Con motivo del cincuentenario del movimiento, Aptheker fue invitada a presentar su renovada visión de la libertad de expresión. Stern transcribe parte de su discurso:

Con motivo de este 50 aniversario del FSM... merece la pena detenerse un momento a considerar las formas en que el género, la raza, la clase y la sexualidad pueden afectar al acceso a la libertad de expresión. Aunque la Primera Enmienda abarca un ideal universal en su redacción, fue redactada por hombres blancos y propietarios en el siglo XVIII, que probablemente nunca imaginaron que podría aplicarse a las mujeres, y/o a las personas de color, y/o a todos aquellos que no fueran propietarios, e incluso, quizá, no ciudadanos, y/o inmigrantes indocumentados. La libertad de expresión de una mujer a menudo se ve inhibida por el miedo a las represalias, por ejemplo, si revela la violencia sexual o doméstica. Casi siempre se niega, se vilipendia su discurso, se asesina su carácter... Dicho de otra forma, la libertad de expresión es una garantía constitucional, pero quién puede ejercerla sin las escalofriantes restricciones de la censura, depende en gran medida de la ubicación de uno en la cartografía política y social. Nosotros, los veteranos del FSM, éramos demasiado jóvenes e inexpertos en 1964 para saberlo, pero ahora lo sabemos, y hablamos con una nueva conciencia y una nueva urgencia de que la sabiduría de una verdadera libertad está inexorablemente ligada a quién ejerce el poder y con qué fines.

Es decir, según Aptheker, la libertad de expresión no es un derecho general ni puede darse por válido en abstracto, hay que valorarlo según la situación de las correspondientes minorías, en función de las identidades. Sol Stern, que se había apartado del movimiento cuando descubrió en él gérmenes de anulación de la libertad, constataba así que la consecuencia lógica del camino entonces emprendido ha sido, cincuenta años después, la pérdida de la libertad de expresión en las universidades americanas, producto de la carga ideológica que las dominaba. Era el resultado natural de las enseñanzas de una generación de catedráticos sesentayochistas. Un consternado Stern sentencia tras reproducir la cita de Aptheker: «Léelo y échate a llorar —No solo por el aniversario del FSM, sino por el ideal de una universidad abierta, y por los Estados Unidos de América».

No es el único caso. Felipe Fernández-Armesto es un brillante historiador británico con una obra abundante que incluye visiones panorámicas de la historia de América en su conjunto, *Las Américas*, como titula uno de sus libros, incluida la historia hispana de los Estados Unidos. En la actualidad es catedrático de Historia en Notre Dame University en Indiana, EE.UU. En 2019 escribía en un artículo publicado en el diario español *El*

Mundo: «He aquí una de las grandes paradojas de nuestros tiempos. Las universidades del mundo están experimentando una edad de oro, con más fondos, más clientela, más peso económico y más influencia social que nunca. Y jamás han sido —con unas pocas excepciones honradas— tan inútiles, tan corruptas ni tan irrelevantes para las necesidades urgentes y fundamentales de las sociedades que las nutren y las pagan». Podría tomarse por un exabrupto, pero no lo era. Era la consecuencia, entre otras cosas, de una decisión de su universidad que él consideraba completamente equivocada. Notre Dame es una universidad de inspiración católica. En los pasillos de uno de sus edificios, el que alberga las oficinas del rectorado, se conservan unos cuadros de finales del siglo XIX, de gran formato, que evocan el tiempo del descubrimiento de América. Habían sido pintadas entre 1882 y 1884 por Luigi Gregori, un artista italiano, en parte para reivindicar un pasado americano que contrarrestara el discurso anticatólico por entonces ampliamente difundido en los EE.UU. Incluían la llegada de los castellanos a tierra americana, la vuelta de Colón con indígenas ante los Reyes Católicos en Barcelona, Colón cargado de cadenas al final de su gobierno de La Española, y hasta su muerte en Valladolid. En síntesis, presentaban a Cristóbal Colón como un héroe americano y también como un católico. Pues bien, alguien, principalmente la asociación de estudiantes nativoamericanos de Notre Dame, las denunció por improcedentes, ofensivas para los indígenas americanos y sus descendientes, manipuladoras y vehículo de opresión cultural. El rectorado, tras resistirse un tiempo, ordenó cubrirlas. Habían terminado 130 años de exposición pública. Fernández-Armesto es un historiador, es decir, mira los testimonios del pasado como fuente de conocimiento, como el elemento necesario para comprender el presente. Ver cómo se suprimen esas pinturas no podía menos que desasosegarle y producirle considerable disgusto. Como escribió en su artículo, la finalidad pública de una universidad «no consiste en formar profesionales ni hombres de negocios: eso lo podrían lograr los mismos negocios y profesiones a menos coste y con más eficacia; ni en autorizar los tabúes de moda ni los *shibboleths* de un momento determinado: eso lo harán las redes, internet y la prensa amarilla; ni en estar dispuestos al servicio de los estados ni las potencias de este mundo: ellos tienen fuerzas armadas, medios de comunicación y recursos propagandísticos ampliamente suficientes para imponer su voluntad». La finalidad es trabajar por conocer la verdad, difundir el saber, dotar de sentido crítico a sus estudiantes al mismo tiempo que de cortesía e interés por los demás, ¿dónde queda todo eso si se aplican técnicas de cancelación? ¿Puede hacerse historia si cancelamos los vestigios de otro tiempo? ¿Puede haber conocimiento si se prohíbe el pensamiento?

El profesor Fernández-Armesto continúa con su combate por la libertad del acceso a las fuentes y ha conseguido que una vez al año se levanten las estructuras que ocultan los murales para que puedan ser vistas por los alumnos en una visita explicativa. Al parecer, el evento tiene un éxito creciente.

La cultura *woke* o de la cancelación nació apoyada en las teorías del sociólogo francés Pierre Bourdieu, recibidas con entusiasmo en los campus norteamericanos y fermentadas en las mentes de sesentayochistas y postsesentayochistas. Una discípula de Bourdieu, la socióloga Nathalie Heinich, a la que este dirigió la tesis doctoral, ha publicado en 2023 un breve libro de denuncia del *wokismo* y sus perversos efectos para las universidades: *Ce que le militantisme a fait à la recherche* (Lo que el militantismo político ha hecho a la investigación). En él escribe:

Falta de curiosidad intelectual y rigor científico, radicalismo cerril, cobardía individual protegida por la manada, disfrute perverso del poder. Estos son solo algunos de los efectos de la militancia política académica. El mundo universitario que nos diseñan los nuevos paladines del identitarismo y el comunitarismo es un mundo intelectualmente agotado, obsesionado por el «género», la «raza» o la sexualidad, al que se le ha privado de toda la riqueza de nuestros recursos conceptuales; y el mundo social que intentan construir es un mundo relacionalmente invivible, habitado por la malicia, el rencor y el deseo de venganza.

En febrero de 2024, Niall Ferguson, uno de los historiadores más valorados en la actualidad, escocés asentado en EE.UU., hasta ahora catedrático en Harvard y Stanford, publicó el artículo titulado «The treason of the intellectuals», la traición de los intelectuales. Con el mismo título había publicado en francés el filósofo Julien Benda un famoso artículo en 1927, en el que denunciaba cómo los profesores universitarios europeos, especialmente los alemanes, pero no solo, estaban haciendo el juego a los que utilizaban la violencia con fines políticos, a los difusores del odio. Por ese camino se llegó al desastre del nazismo y sus consecuencias: «Un siglo después —escribe Ferguson—, el mundo académico estadounidense ha tomado la dirección política opuesta —hacia la izquierda en lugar de hacia la derecha—, pero ha acabado prácticamente en el mismo lugar. La cuestión es si nosotros, a diferencia de los alemanes, podemos hacer algo al respecto».

La advertencia es muy grave. La alarma de Ferguson ante la cultura de la cancelación había subido de tono en 2014 cuando a su segunda esposa, Ayaan Hirsi Ali, le fue retirada la concesión de un grado honorífico en Brandeis University (Massachusetts, EE.UU.). Ayaan Hirsi es de origen somalí, de nacionalidad holandesa, y se ha manifestado públicamente contraria a prácticas ligadas al islam. Su cancelación fue promovida por el Council on American-Islamic Relations (CAIR) y por el director del Departamento de Estudios islámicos de la universidad junto a otros profesores y estudiantes que acusaron a Hirsi Ali de «incitación al odio». Pero si eso le alarmó y desagradó hace años, el motivo de su artículo en 2023 fue el comportamiento de los estudiantes y algunos profesores de Harvard tras los atentados terroristas de Hamas en Israel el 7 de octubre de 2023. Según reconoció el Provost de la Universidad, los sucesos en Israel y en la franja de Gaza han provocado la crisis más grave que ha vivido Harvard en los años que él llevaba en puestos de responsabilidad del centro, que eran más de quince. En gran medida están relacionados con el predominio de la cultura *woke* o de cancelación y el déficit de libertad de expresión que ha extendido por los campus. Que la cuestión es un problema lo evidencia el hecho de que exista una organización llamada Foundation for Individual Rights and Expression (Fundación para los derechos individuales y de expresión), en cuyo informe publicado en 2023 Harvard aparecía como la peor puntuada de todas las universidades norteamericanas con un 0,00 en libertad de expresión en el campus. Los atentados de Hamas fueron motivo de que un grupo de estudiantes propalestinos publicaran un manifiesto culpando de los hechos a Israel y su política en la región. Varias decenas de organizaciones estudiantiles firmaron también el manifiesto. La reacción de perplejidad de la organización de estudiantes judíos no se hizo esperar. Casi enseguida se añadieron manifestaciones de protesta de donantes judíos o projudíos que anunciaron que retiraban su apoyo a Harvard. La rectora, Claudine Gay, que había sido nombrada en julio, permanecía en silencio ante esos hechos. La tensión fue creciente, el choque de identidades se tradujo en choques personales y las autoridades no sabían cómo reaccionar o lo hacían con una tibieza que desesperaba a los que observaban los sucesos. Un antiguo rector de Harvard, Lawrence Summers, criticó la falta de condena explícita de los atentados por parte del rectorado.

El asunto se volvió más notorio y polémico cuando, junto a otros responsables de universidades americanas, Claudine Gay compareció en diciembre de 2023 ante una comisión de investigación en el Congreso para tratar sobre antisemitismo en los campus. Ante la pregunta de si consideraría que una hipotética llamada al genocidio violaría el código de conducta de Harvard, contestó: «Puede ser, depende del contexto». Esta y otras respuestas de ella y otras colegas fueron motivo de sorpresa e intensa crítica en los medios norteamericanos. El desprestigio de Gay como rectora siguió aumentando y las denuncias que ya se habían presentado sobre su falta de solidez intelectual y acerca del plagio detectado en algunas de sus publicaciones terminó por conducir a su dimisión en enero de 2024. Su caso podría servir de confirmación de las tesis de Heinich.

Lo llamativo del asunto es cómo un grupo de universitarios, en concreto el Club Palestino de Harvard (PSC), con una hábil actuación ante una crisis grave, había conseguido desestabilizar a una institución académica incapaz de lidiar con un problema de opinión pública. El núcleo del enredo estaba en que todo era ya cuestión de tácticas en ese choque de identidades, sin que la verdad tuviera mucha relevancia en el problema o en el intento de solucionarlo.

Todo esto puede ayudar a entender el motivo por el que Ferguson se distanció de Harvard y escribió el artículo que hemos citado, y también que haya promovido junto a otros profesores la fundación de un nuevo centro académico: la University of Austin (Texas, EE.UU.), que nace con el lema: «Atrévete a pensar. La University of Austin está dedicada a la búsqueda de la verdad sin miedo». No es la única iniciativa que apunta en ese sentido.

Para quienes hemos sido testigos de la vida universitaria en estos años, el fenómeno no resulta demasiado sorprendente, aunque tenga mucho de contradictorio. La mayor parte de mis profesores en la universidad de comienzos de los ochenta eran sesentayochistas convencidos y militantes. Recuerdo bien la impresión de seguridad que transmitían. Estaban convencidos de que habían dado con la piedra filosofal para la transformación del mundo. Como estábamos en España, eran marxistas. En Francia, sus colegas ya eran postmarxistas, pero aquí siempre hemos ido con un cierto retraso en el seguimiento de las modas francesas y norteamericanas y, además, el franquismo o, todavía más, el antifranquismo confería a los izquierdistas y marxistas una pátina de heroísmo casi irresistible. Pero había algo en ellos que me resultaba incómodo, a veces incluso irritante. Estaban tan convencidos de que habían hecho la revolución definitiva, o de que la estaban haciendo, que cualquier objeción que se les pusiera era castigada con la adjudicación de la etiqueta de reaccionario que te anulaba como interlocutor. Se comportaban como los dirigentes del mundo feliz de Huxley, como protagonistas de la revolución final. Porque eso era para ellos la revolución del 68: la revolución que había culminado todas las revoluciones, la que había tenido el valor de llevar a su terminación lo que la francesa, la rusa o cualesquiera anteriores solo habían iniciado. De ahí que sus logros fueran incuestionables. Esto eliminaba la posibilidad de discusión. Ajenos a cualquier principio que no fueran los suyos, todas sus decisiones y logros se convertían en preceptos, preceptos de cumplimiento obligado. Era claro que eso no abría un camino de libertad, pero eso no se les podía decir a los que estaban convencidos de haber abierto las puertas a la solución definitiva. El tiempo ha confirmado el atolladero al que conducía ese camino.

Si esto ha ocurrido con los académicos, en el caso de los políticos sucedió algo parecido. Como escribe Garton Ash: «En los años noventa y en la primera década del siglo XXI, incluso hasta bien entrada la segunda, los sesentayochistas y postsesentayochistas ocupaban los puestos de mando en la mayoría de las sociedades europeas. Eran jefes de Gobierno (Lionel Jospin, Gerhard Schröder, Massimo D'Alema), ministros del interior (Jack Straw, Otto Schily), jueces, altos funcionarios, rectores universitarios, jefes de redacción, editores, novelistas». Y no era así por un hecho biológico, era un fenómeno cultural y social. Solo a finales de 2010, aprovechando los efectos de la crisis financiera de 2008, comenzaron a aflorar líderes de una nueva generación que criticaban a los del 68 por su sexismo, su lenguaje ofensivo, su capitalismo escasamente medioambiental, etc. Pero en lo básico la nueva generación heredó el relativismo moral y conceptual dominante como un dato y un logro. Un relativismo que convive con el dogmatismo identitario de los nuevos preceptos.

Significativamente, los revolucionarios de 1968 en París y otras capitales occidentales no prestaron atención a lo que sucedía en Praga o en Varsovia. Como reflexionaba Judt cerca del final de su vida: «¿Qué nos dice de las falsas ilusiones de Mayo de 1968 el hecho de que no pueda recordar una sola alusión a la Primavera de Praga, y menos todavía al levantamiento estudiantil de Polonia en todos nuestros serios debates radicales?». La lucha por la libertad del otro lado del telón de acero no se entendía o no se quería ver. De ahí nació otro efecto paradójico: tras la caída del muro, los políticos que dominaban en occidente se entendieron mejor con los comunistas reconvertidos del otro lado del telón de acero que con los que habían sufrido el comunismo y se habían opuesto a él. Para los sesentayochistas en el poder, todo lo que sonara a una alternativa política a ellos mismos era sospechoso, y en breve sería calificado de populismo de derecha y, por tanto, descalificado. No es extraño que Ryszard Legutko, un profesor y político polaco, sostenga que la ideología de los progresistas occidentales había conformado una suerte de imagen occidental del marxismo soviético. Es algo que encaja perfectamente en el relato del nacimiento de la utopía capitalista y consumista que vimos configurarse en torno a la revolución de las expectativas en los EE.UU. de los años sesenta. Partiendo de esa idea, los sesentayochistas estaban convencidos de que la historia había llegado con ellos a su culminación. Las políticas seguidas por ellos desde el poder eran el progreso, oponerse a ellas era pretender destruir la democracia, ir contra el sistema. El anarcoindividualismo de los sesenta se suavizó un tanto para adaptarse a un normativismo de exaltación de las nuevas identidades, que definió las opiniones que se podían y no se podían mantener. El lobby LGTBI y sus tesis era uno de los mejores ejemplos de ese estado de cosas, pero no el único. Lo políticamente correcto se imponía con una fuerza que pronto adquiriría perfiles dictatoriales o totalitarios. Las constituciones no habían cambiado en la letra, pero las libertades cívicas se percibían menguantes. Ciertas cosas no se pueden discutir en público. Incluso ciertas palabras no se pueden pronunciar. La condena por hacerlo es la muerte civil, y en algunos casos, la condena por conducta delictiva. Se ha llegado al punto de que es delito manifestar ciertas opiniones, contradiciendo uno de los principios básicos de la democracia.

En el caso de la historia, el reconocimiento de los errores y culpas de Occidente en el pasado ha perdido el interés por la verdad y se ha convertido en una moda canceladora en la que se puede acusar de genocidio a Cristóbal Colón o Junípero Serra sin aportar prueba alguna para demostrarlo y derribar sus estatuas conmemorativas como si se tratara de un acto de desagravio a las supuestas víctimas de sus crímenes. Poco importa que la víctima más clara sea la verdad histórica. La neolengua reescribe el relato del pasado a golpe de presión sobre la opinión pública y movilizaciones que procuran no dejar espacio para poner en duda lo que ellos defienden. Quien intente hacerlo y adquiera cierta relevancia, será acusado de delito de odio. Es interesante considerar lo que supone este juicio moral condenatorio de comportamientos pasados y ajenos. Está en directa contradicción con la formulación del derecho a tener un comportamiento sexual incuestionable por nadie en el presente. Y no se aprecia la contradicción. Formalmente la hay, pero es muy posible que la absoluta transigencia con uno mismo sea solo el reverso de la absoluta intransigencia con los demás. Dicho de otra forma, si solo yo puedo ser el juez de mí mismo, solo yo puedo ser el juez de los demás. No es que el hombre sea la medida de todas las cosas, con el individualismo radical hemos llegado a que este hombre actualmente existente es la medida de todas las cosas y de todos los demás hombres de todos los tiempos.

Me parece que se puede apreciar otro elemento más en esta moda: la necesidad de condenar el mal para afirmarse uno mismo. Parece que no basta con hacer lo que uno quiere, es preciso que los demás lo reconozcan como legítimo o bueno. En el reverso, no basta con que se reconozca que tengo derecho a detestar ciertas cosas, es preciso que se reconozca públicamente que son malas y los que las hacen son malos. Deberían borrarse del mundo de lo posible. Es una suerte de canonización perfecta de la propia voluntad: ella es el canon.

Cabría detenerse en hacer la lista de minorías o identidades que deben blindarse o de comportamientos y personas que se deben condenar, sería interesante pero demasiado prolijo. Para esclarecer nuestro argumento, puede bastar con lo dicho.

Una interesante obra de un francés que ha ocupado puestos de responsabilidad en la administración de su país, Xavier Patier, reflexiona sobre la deriva de Francia en los últimos años. No toma como punto de partida 1968, sino 1970. Según él, en el otoño de ese año, Francia perdió tres personajes que a su entender simbolizan las tres virtudes teologales, que habrían sido enterradas con ellos. François Mauriac, el Premio Nobel de Literatura simboliza para él la fe. La capacidad de mirar más allá de las realidades inmediatas y tangibles, de trascender el propio grupo, la propia cultura y hasta la propia vida y el propio mundo, y de acceder a lo sublime, a lo sobrenatural, a Dios. Charles de Gaulle simboliza para Patier la esperanza. Repetidas veces en su vida, pero particularmente en tres, en 1940, 1958 y 1968, cuando todo parecía perdido, De Gaulle consiguió hacer que Francia mirara de nuevo hacia delante convencida de que el fracaso no era aceptable y que cabía pensar, aspirar y alcanzar algo mejor. Y lo alcanzaron. Fue también un hombre fuertemente arraigado en la esperanza religiosa en el Dios cristiano. Finalmente, Edmond Michelet, político, héroe de la resistencia francesa durante la Segunda Guerra Mundial y abuelo de Patier, simbolizaría la caridad, la capacidad de salir de sí mismo para darse a los demás, especialmente a los que más lo necesitan, y vivir para ellos aun a riesgo de perder la propia vida. Conducidos a la tumba estos tres hombres, Francia habría quedado desamparada, entregada a una política de vuelo corto, ensimismada. Su cultura y civilización entraron en fase de deconstrucción.

La deconstrucción de la fe entregó la reflexión sobre el ser de Francia en manos de la identidad. Uno puede liberarse por la fe, pero no puede hacerlo de su identidad. La crisis católica aceleró el proceso y la creciente secularización incrementó el particularismo. Desechada la fe, la conversación no trata ya de convicciones a las que se pueda atraer a otro o sentirse atraído por él, sino de posiciones dadas e inamovibles. Por eso la identidad nos hace duros frente a los otros, nos entrega a la confrontación y anula toda apertura, justamente lo que aportaba la fe. La gran aspiración cristiana, su gran novedad, el amor universal de Cristo, no parecía tener espacio en el nuevo mundo secularizado, por más que se intentaran conservar las maneras acogedoras del mundo cristiano. La deconstrucción de la esperanza trajo el catastrofismo. Los políticos, conscientes de que no podían dar lo que prometían, se han hecho cada vez más cínicos, han abandonado todo deseo sincero de ser ejemplares. Cada uno debe entregarse a lo que le sea posible, sálvese quien pueda. No habría ningún futuro mejor al que aspirar y se impone el reconocimiento morboso del fracaso y el decadentismo. La mediocridad es la nueva norma, ya no hay héroes y Francia —o el país de que se trate— no puede ni debe esperar ser grande, porque estamos acabados. En lugar de pensar qué va mal y cómo podemos superarlo imaginando nuevas vías, se profetizan desgracias que se cumplen necesariamente por negarse a pensar en algo mejor. No hay nada mejor en qué pensar, tenemos lo que tenemos y vamos a menos, reconozcámoslo... La deconstrucción de la caridad sería la más acabada demostración de la advertencia de Charles Pégy: la mística, la capacidad de entender el mundo con sentido trascendente y religioso, está siempre en peligro de degradarse en política. Son los versos que Patier coloca como entradilla de su libro:

Aux quatre Cardinales
La politique,
Aux trois Théologales
Notre mystique...

La política es asunto de las cuatro virtudes cardinales, la mística de las tres teologales.

La caridad es gratuita, es el gran regalo de Dios que entrega a cada uno para que lo difunda, es la eternidad encarnada. La política debería intentar poner en práctica la caridad, y la deconstrucción de esta no puede menos que generar una crisis política. La nueva política predica lo contrario de lo que hace: habla de guerras en nombre de la paz, de prohibiciones en nombre de la libertad, de exclusión en nombre del universalismo, de restricciones en nombre del altruismo, de salud sexual para esparcir un sexo enfermo. Todo es neolengua. El paso final es el cambio de actitud ante los desamparados. Cualquier prójimo, pero especialmente el pobre, ya no será alguien de elevada dignidad a quien se deba reverencia, respete, se preste servicio y se dedique amor, como se haría con un embajador de Dios. El pobre se convierte en alguien ante el que escenificamos preocupación para ganar votos o presentarnos como seres moralmente dignos cuando no superiores. La caridad deconstruida degenera en populismo.

Francia, sostiene Patier, perdió en 1970, con la muerte de esos tres hombres, su mística, la dimensión religiosa que elevaba su vida colectiva, desterró a Dios de su vida pública y de su política. Y eso tuvo graves consecuencias: abocó a un tiempo vacío.

10. EL UMBRAL DE
UN TIEMPO NUEVO

Comenzamos hablando de demografía. En gran parte, como consecuencia de los cambios sociales y culturales que hemos repasado, acabamos de saber que 2023 ha marcado un hito en la historia: la tasa de fecundidad mundial se ha situado en 2,2. Por debajo del 2,22 que garantizaría el reemplazo poblacional en el mundo. Según los demógrafos, ha comenzado el declive demográfico de la humanidad sin que haya mediado una catástrofe, al menos tal como la entendíamos hasta ahora.

Los cambios de las últimas décadas han sido intensos y han afectado a puntos nucleares de la cultura y los modos de vivir europeos y occidentales. En cierto modo son la culminación de un tiempo, con sus logros y con sus fracasos. Lo que se intuía a principios del siglo XX ha estallado un siglo más tarde. No son pocos quienes hoy día tienen una percepción crepuscular de nuestro mundo. John Lukacs sostuvo que estábamos ante el fin de la era moderna o de la era burguesa, que habría comenzado hace unos quinientos años con el descubrimiento de América y las transformaciones que configuraron lo que hemos llamado el mundo moderno. Es una interpretación bien fundamentada y también arriesgada, habida cuenta de que ninguno sabemos qué va a pasar los próximos años. Coincido con él en estimar que estamos ante el final de algo y ante el nacimiento de algo nuevo. Lo que se ha vivido a partir de la revolución del 68 ha culminado un intento que, en algunos aspectos, algunos de ellos esenciales, conduce a una vía muerta, a una pérdida de lo mejor de nuestra civilización: la libertad, el reconocimiento de la dignidad inalienable de la persona y la fe en el Dios cristiano no pueden abandonarse sin un empobrecimiento que se evidencia suicida. Entender los pasos que hemos dado en ese sentido puede ayudarnos a pensar en los que podemos dar si deseamos andar en una dirección diferente, para recoger todo lo bueno que los tiempos modernos nos trajeron y servirnos de ello para habitar los tiempos por venir.

No tendría sentido abandonarse a la tentación decadentista y su deriva paralizante. Precisamos pensar con sensatez nuestros días, medir nuestras

fuerzas y aplicarnos a la tarea de crecer, de fijar-
nos un nuevo horizonte que seguramente pasa
por revitalizar la vieja civilización europea y occidental, tan necesaria para el mundo. Lo universal está en la raíz del concepto de Occidente y su
disolución no puede acontecer sin grave perjuicio
para todos en un mundo cada vez más unificado.

La capacidad de abrirse a otros planteamien-
tos, de abrir ventanas en un edificio que se ha
concebido por algunos como cerrado en sí mismo, siguiendo una metáfora de Joseph Ratzin-
ger, sería uno de los caminos que se nos ofrecen.
Abrirnos a los demás, a otros mundos en nuestro mundo y fuera de él, a la trascendencia in-
tramundana y sobrenatural, aparece como una
oportunidad de cada vez más urgente consideración. Los no creyentes también pueden hacerlo:
nada les impide vivir como si Dios existiera.

El redescubrimiento y la vivencia de la libertad
como algo ligado a la verdad en lugar de como
pura autodeterminación me parece también otro
elemento luminoso y fundamental capaz de repa-
rar algunos de los peores errores que hemos co-
metido. Hemos sido creados libres y nunca deja-
remos de serlo, salvo que nos empeñemos en ser
esclavos. Solo una decidida apuesta por la verdad,
el bien y la belleza pueden evitar esa esclavitud, y

nos pueden ayudar a descubrir de nuevo la grandeza de la libertad. La apertura a la trascendencia ejecutada con libertad sería de gran ayuda para recuperar la capacidad de pensar y de amar con nueva energía. Esto afecta a dimensiones muy personales, pero también institucionales. Va desde la libertad de expresión, la capacidad de escucha, el establecimiento de relaciones duraderas y no solo de transacciones, la forma de vivir la familia, hasta la forma de pensar la universidad o cualquier otra institución, o de entender el bien común en nuestros programas políticos. Quizá el ámbito de las relaciones de pareja y de familia sea uno de los más necesitados de urgente reparación y también uno de los que mejores resultados puede dar a corto plazo. Exigirá un cambio cultural hondo y extenso.

En política podríamos aprender a desconfiar de los planeamientos individualistas. Son una trampa para narcisistas en la que ya hemos caído demasiadas veces.

Hay indicios de que el mundo en que viviremos en los próximos años será menos homogéneo que el que hemos conocido. Nuestra capacidad de reconocer y relacionarnos con el otro, con el diferente, deberá crecer, y nos enriquecerá si lo hace en el sentido adecuado. Lo mismo que la conciencia de que las soluciones tecnocientíficas no pueden ser la última palabra en cualquier asunto humano. La oportunidad que se nos abre con el uso de la llamada inteligencia artificial será uno de los elementos destacados en este ámbito de decisión. No todo lo que podemos hacer es bueno hacerlo. Lo realmente humano es saber elegir lo bueno, comprometer la propia libertad con lo que vale la pena y evitar lo que va contra el bien común, contra la riqueza de todos. Seguirá siendo clave, también, nuestra actitud ante las novedades abiertas en la manipulación genética y biológica. Otra oportunidad de oro para ejercitar la libertad con un renovado sentido de la responsabilidad. En los años noventa, Wendell Berry, un ecologista norteamericano, afirmó que la oposición entre izquierda y derecha ya no será reconocida como divisoria, más bien lo será la distinción entre los hombres que se tendrán a sí mismos por seres humanos y los que se verán como máquinas.

El camino de nuestra vieja civilización seguirá adelante. Con nuestra historia en el recuerdo, está en nuestras manos trazarlo como más nos guste. No acertaremos siempre, quizá ni siquiera muchas veces, pero será la apasionante aventura que siempre ha sido. Hace siglos que lo dijo el poeta castellano: «Cumple tener buen tino para andar esta jornada sin errar».

BIBLIOGRAFÍA

ALEXANDRE, P., *L'Elysée en péril. 2-30 mai 1968*, París, Fayard, 1969.

BRAUNSTEIN, JF., *La religión woke, anatomía del movimiento irracional e identitario que está poniendo en jaque a Occidente*, Madrid, La Esfera de los libros, 2024.

BUSH, V., *Science. The Endless Frontier. A Report to the President*, Washington, United States Government Printing Office, 1945.

CAMPILLO VÉLEZ, BE., «La ideología de género como vigencia del informe Kissinger», *Pensamiento humanista*, 07 (2010), pp. 235-266.

CHESTERTON, G. K., «Culture and the Comming Peril», Londres 1927, citado por PEARCE, J. en *G. K. Chesterton: sabiduría e inocencia*, Madrid, Encuentro, 1997.

COHEN, R., *Freedom's Orator: Mario Savio and the Radical Legacy of the 1960s*, Oxford; New York, Oxford University Press, 2009.

Cohn-Bendit, D., *Le Grand Bazar*, París, Belfond, 1975.

De Boissieu, A., *Pour servir le Général (1946-1970)*, París, Plon, 1990.

Eagleton, T., *Culture and the Death of God*, New Haven, Connecticut: Yale University Press, 2014.

Eagleton, T., *Cultura*, 1ª ed. Barcelona: Taurus, 2017.

Ferguson, Niall, *Coloso: auge y decadencia del imperio americano*, 1ª ed. Barcelona: Debate, 2005.

«Niall Ferguson: The Treason of the Intellectuals», *The Free Press*, 11 de diciembre de 2023. https://www.thefp.com/p/niall-ferguson-treason-intellectuals-third-reich.

Fernández-Armesto, F., «Universidad, corrupción y desprestigio», *El Mundo*, 7-5-2019.

Flohic, F., *Souvenirs d'outre-Gaulle*, París, Plon, 1979.

Frank, T., *La conquista de lo cool. El negocio de la cultura y la contracultura y el nacimiento del consumismo moderno*, Alpha Decay, Barcelona, 2011.

Garton Ash, T., *Europa: una historia personal*, Barcelona: Taurus, 2023.

Giraud, H.-C., *L'Accord secret de Baden-Baden. Comment De Gaulle et les soviétiques ont mis fin à Mai 68*, Monaco, Le Rocher, 2008.

Gusdorf, G., *La Pentecote sans l'Esprit Saint. Université 1968*, Éditions M.-Th. génin, Librairies techniques, 1969.

Heinich, N., *Ce que le militantisme a fait à la recherche*, tracs Gallimard, n. 29, 2023.

Huxley, A., *Brave New World*, New York, Bantam Books, 1955.

Joffrin, L., *Mai 68. Une histoireé du mouvement*, París: Seuil, 2008.

Kuby, G., *La revolución sexual global. La destrucción de la libertad en nombre de la libertad*, Madrid, Didaskalos, 2017.

Lacouture, J., *De Gaulle. 3. Le Souverain*, Paris, Seuil, 1986.

Lasch, C., *La cultura del Narcisismo*, Barcelona, Andrés Bello, 1999.

Lasch, C., *Refugio en un mundo despiadado, reflexión sobre la familia contemporánea*, Barcelona: Gedisa, 1996.

LASCH, C., *La rebelión de las élites y la traición a la democracia*, Barcelona, Paidós, 1996.

LEGUTKO, R., *The Demon in Democracy. Totalitarian Tempations in Free Societies*, New York-London: Encounter Books, 2016.

LUKACS, J., *A new republic: a history of the United States in the twentieth century*, Yale University Press, 2004.

MARÍN PEDREÑO, H., «Mayo del 68: días de Júpiter», en *Arbor*, 194 (787), 2018: a434.

MASFERRER, A., *Libertad y ética pública: por qué pensar críticamente es clave para salvar la democracia*. Primera edición: octubre de 2022. Reflejos de actualidad, Córdoba: Sekotia, Editorial Almuzara, 2022.

MASSU, J., *Baden 68. Souvenirs d'une fidélité gaulliste*, París, Plon, 1983.

ORTEGA Y GASSET, J., *La rebelión de las masas*, Madrid, Alianza, 1995.

PATIER, Xavier, *Demain la France: tombeaux de Mauriac, Michelet et De Gaulle*, Paris: Les éditions du Cerf, 2020.

PATTERSON, JAMES T., *Grand Expectations. The United States 1945-1974*, Oxford University Press, New York, 1996.

Pérez López, P., «La chienlit c'est lui! De Gaulle ante mayo de 1968», en *Arbor*, 194 (787), 2018: a428. https://doi.org/10.3989/arbor.2018.787n1001

Pérez López, P., «La ciencia como solución sin límites. El informe Bush (1945)», en *Life and the sacred*, Hildesheim-Zürich-New York, Georg Olms Verlag, 2012, pp. 185-193.

Peyrefitte, A., *C'était De Gaulle*, París, Gallimard, 2002, pp. 1690-1693.

Rey, M. P., *La tentation du rapprochement*, París, Publications de la Sorbonne, 1991.

Rubio, E., *Religión woke: El despertar del supremacismo identitario*, Editorial Almuzara, 2023.

Saint-Exupery, A., *Piloto de guerra*, Buenos Aires: Editorial Sudamericana, 1998; 4ª ed. pocket, 1998.

Sirinelli, J.-F., *Mai 68. L'événement Janus*. París, Fayard, 2008, 64-65.

Smirnov, V., «La crise de 1968 au miroir de la presse soviétique», en M. Vaïsse, *De Gaulle et la Russie*, París, CNRS, 2006, pp. 171-177.

Sorlin, P., «Películas que orientan la historia», en Montero, J. y Rodríguez, A., *El cine cambia la historia*, Madrid, Rialp, 2005, pp. 31-44.

Soutou, G.-H., *La guerre de Cinquante ans. Le conflit Est-Ouest 1943-1990*, París, Fayard, 2001.

Stern, S., «The Free Speech Movement at 50», *City Journal*, 2014, 1-12.